사료를 보니 백제가 보인다(국내편)

김기섭

 주류성

사료를 보니 백제가 보인다(국내편)

저   자 : 김 기 섭
저 작 권 자 : (재) 백제문화개발연구원
발   행 : 도서출판 주류성
발   행   인 : 최 병 식
인   쇄   일 : 2006년 8월 8일
발   행   일 : 2006년 8월 14일
등   록   일 : 1992년 3월 19일 제 21-325호
주   소 : 서울특별시 서초구 서초동 1305-5 창람(蒼藍)빌딩

T   E   L : 02-3481-1024(대표전화)
F   A   X : 02-3482-0656
HOMEPAGE : www.juluesung.co.kr
E - M A I L : juluesung@yahoo.co.kr

값 10,000원

잘못된 책은 교환해 드립니다.
ISBN   89-87096-66-1

본 역사문고는 국사편찬위원회를 통한 국고보조금으로 진행되는
3개년 계획 출판사업입니다.

▼ 『삼국사기』의 표지와 내부 사진(경주시청). 경상북도
경주시의 옥산서원에 보관되어 있는 책으로서,
1970년에 보물 제525호로 지정되었다. 전체 9책이
며, 가로 22.4cm, 세로 31.5cm 크기의 한지에 장마
다 9행 18자씩 적혀 있다.

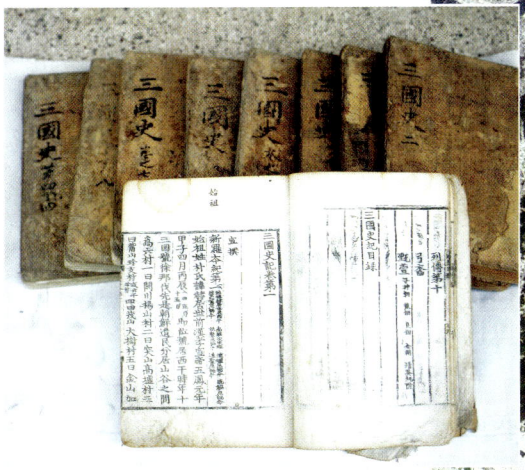

▲ 서울시 및 수도권의 위성사진
   (환경부 제공).

◀ 서울시 송파구 일대를 남쪽에서
   내려다본 모습(서울시 문화재과).
   동쪽의 호수 2개가 석촌호수이다.

▲ 경기도 하남시 미사리에서 발견된 집자리(한양대학교박물관). 조사단은 92-1호 주거지라고 이름 지었는데, 전형적인 '여(呂)자형 주거지'이다. 남쪽에 출입구가 있으며, 동쪽에 화덕과 온돌시설이 갖춰져 있다. 주거지 안에서 청동으로 만든 거울이 발견되었다.

◀ 풍납토성 안에서 출토되었다고 전하는 초두(鐎斗)(국립중앙박물관). 청동으로 만들었으며, 손잡이에는 용의 머리를 조각하였는데, 중국에서 수입한 것으로 보인다. 초두는 흔히 약이나 술을 데우는 데 썼다고 한다.

◀ 우물 안에서 발견된 두레박토기(국립문화재연구소). 입이 나팔 모양으로 살짝 벌어진 목 짧은 항아리[短頸壺]인데, 목에 긴 새끼줄이 감겨저 두레박으로 쓰였음을 알 수 있다.

▶ 풍납토성 동쪽 성벽 바깥의 우물을 위에서 내려다본 모습(국립문화재연구소). 각목을 정(井)자 모양으로 가지런히 짜 맞추었는데, 중간 부분이 볼록하여 가장 넓고 위로 올라갈수록 폭이 좁아진다. 맨 위는 각 변의 길이가 1.4m 정도이다.

▼ 석촌동고분군에서 출토된
금제 귀걸이와 장식들.(서
울대학교박물관) 윗줄이 귀
걸이, 아랫줄이 장식품이다.
대부분 무덤이 파괴된 상태
에서 발견되었는데, 모두
백제 때의 최고급 사치품으
로서 석촌동고분군이 백제
최고위 지배층의 무덤임을
입증한다.

▲ 석촌동3호분을 동쪽에서 내려다본 모습. 모두 돌로 쌓았으며, 밑변의 길이가
동서 49.6m, 남북 43.7m이다. 규모가 가장 큰 데다 금으로 만든 귀걸이장식
이 발견되자 많은 사람들이 근초고왕의 무덤일지 모른다고 추정하였다.

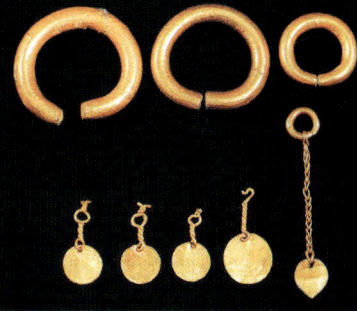

◀ 석촌동고분군의 적석총 일부를 찍은
1930년대 사진. 1916년 무렵 석촌동
일대에는 적석총 23기와 봉토분 66
기 등 모두 89기의 큰 무덤들이 남
아있었다고 한다.

▼ 몽촌토성을 북쪽에서 내려다본 항공사진(문화재청). 오른쪽 마름모꼴로 생긴 것이
몽촌토성으로서, 성벽 둘레는 2,285m이다. 왼쪽 아래의 길쭉한 나무숲은 외성(外
城)인데, 둘레 270m의 성벽이 있었다고 하지만, 지금은 흔적을 찾기 어렵다.

▲ 몽촌토성 안에 있는 수혈주거시 선
시관 내부(서울역사박물관). 1987
년에 몽촌토성 안 동북지구에서 발
견된 백제 때의 움집을 전시하고
있다.

▲ 서울시 광진구 구의동에 있던 고구려보루(1977, 서울대학교박물관). 조사하던 당시에는 어떤 유적인지 잘 몰랐으나, 나중에 고구려 보루로 밝혀졌다. 지금은 파괴되어 남아있지 않다.

▶ 구의동보루에서 발견된 시루와 솥(서울대학교박물관). 시루는 토기이고, 솥은 철기이다. 구의동보루에서는 400여 점에 달하는 고구려 토기와 1천여 점 이상의 무기가 출토되었다.

▼ 백마강(금강 하류의 별칭)의 남쪽에 위치한 부소산성(扶蘇山城)과 그 남쪽의 부여군 시가지(문화재청). 성벽은 대개 흙으로 쌓은 토성이거나 돌을 쌓고 흙으로 덮은 형태인데, 산봉우리만 좁게 감싼 테뫼식 산성 2개를 주변의 계곡까지 포함한 포곡식 산성이 감싸고 있다. 포곡식 산성의 둘레는 대략 2.2km이며, 성안 면적은 983,598㎡라고 한다. 부소산성(사적 제5호)은 근래의 이름이며, 사비성(泗沘城)·소부리성(所夫里城) 등으로 기록되어 있다.

▲ 아차산의 해발 285m 지점 능선에 위치한 제4보루의 7호 온돌과 8호 온돌(서울대학교박물관). 1997~1998년에 발굴 조사하였는데, 보루의 둘레는 210m, 석축 높이는 4m이다.

◀ 충남 공주시에 위치한 송산리고분군(문화재청). 송산(宋山)의 중턱 남쪽 경사면에 7기의 무덤이 남아있는데, 모두 굴식[橫穴式] 돌방무덤[石室墳]이거나 벽돌무덤[塼築墳]이다. 웅진시대의 왕실 묘역으로 추정된다.

▶ 1971년 송산리고분군에서 우연히 발견된 무령왕릉의 내부 모습(문화재청). 화려한 문양의 벽돌로 정교하게 만든 벽돌무덤이다. 안에서는 각종 유물과 함께 묘지석(墓誌石)이 발견되어 무령왕이 죽은 시점과 사마왕(斯麻王)으로 불린 사실을 전해주었다.

▼ 능산리 1호분의 내부 모습(문화재청). 능산리 1호분은 고분군의 아랫줄 맨 오른쪽에 있기 때문에 동하총(東下塚)이라고도 한다. 편마암을 판자처럼 잘라 매끈하게 물갈이한 다음 정연하게 찌맞춘 돌방무덤[石室墳]인데, 무덤 안 네 벽에는 사신도(四神圖)를 그려놓았다.

▼ 능산리고분군은 일제 때 간단한 조사를 거친 뒤 나중에 다시 단장하였다(문화재청). 백제의 돌방무덤은 산기슭의 경사면을 살짝 파서 반지하식으로 무덤방을 만들기 때문에 신라와 달리 봉분이 낮은 것이 특징인데, 능산리고분군을 단장할 때 이런 특징을 무시하고 지나치게 봉분을 높였다는 지적이 있다.

▼ 충남 부여군 부여읍 능산리 부근에서 발견·조사된 백제 때의 도로. 길가 양옆에는 도랑을 만들어 물이 고이지 않게 했으며, 군데군데 나무로 작은 다리를 만들어놓았다. 길에서는 깊게 패인 수레자국이 발견되었다.

▲ 백제 수도 사비(泗沘)의 시가지를 둘러싼 외곽 토성으로서, 흔히 부여 나성(羅城)이라고 부른다.(사적 제58호) 성벽은 부소산성 부근에서부터 청산성(靑山城)·석목리·동문다리·필서봉·염창리를 거쳐 금강변까지 이어졌다고 한다. 사진은 부여에서 논산으로 향하는 길목인 능산리 일대에 남아 있는 성벽이다.

▼ 충남 부여군 부여읍 동남리에 있는 백제 때의 연못 궁남지를 남쪽에서 내려다본 모습(국립부여박물관). 사적 제135호인 궁남지를 인근 주민들은 마래방죽이라고 부르기도 한다.

▶ 전북 익산 미륵사지에서 발견된 수키와 조각과 그 안쪽에 그려진 사람 얼굴 그림(국립전주박물관 소장). 기와조각의 길이는 14cm.

▲ 충남 예산군 대흥면 상중리에 위치한 임존성(사적 제90호). 봉수산 꼭대기에 있다 해서 봉수산성이라고도 한다. 돌로 쌓은 석성(石城)이며, 성벽 둘레는 3km에 가까운 것으로 알려진다.

사료를 보니 백제가 보인다(국내편)

머리말

20여년 전 대학생 때 배운 내용 중 지금도 기억나는 한마디가 있다. "역사는 기록이다!" 동양사강독 시간이었다. '역사란 무엇인가' 라는 물음에 길게 답하던 우리를 내려다보며 정재각 선생님이 짧게 말씀하셨다. 너무 간단하고 시시한 답이어서 뇌리에 꽉 박혔는데, 언젠가부터 내 심장을 무겁게 누르는 한마디가 되었다.

나는 서슬 퍼렇던 군사정권 아래에서 대학시절을 보냈다. 그때 신문과 방송에서 흘러나오던 정의·윤리와 대학 도서관 앞 솔밭에서 구름처럼 떠다니던 정의·윤리는 조금 혹은 많이 달랐다. 행동하는 지성이 되느냐 눈 감고 귀 막은 며느리가 되느냐 동무들이 고민할 때 나는 맨주먹에 헐벗은 자신을 조소하며 그냥 공부나 하자고 생각했다.

내가 진학한 대학원은 정부출연 연구기관의 부속학교였다. 시설 좋은 도서관에서 많은 자료를 접하고 내로라 하는 강사진의 강의를 들었다. 숙식이 무료인데다 책값까지 장학금으로 받았다. 갇힌 줄도 모르고 그저 도서관과 기숙사나 오가던 우리에게 선생님들은 이따금 소주 한잔 따라주며 무조건 공부나 열심히 하라고 다독였다.

그 무렵 사람들은 내가 다니는 학교를 어용이라고 불렀다. 행동하는 지성을 자처할수록 노골적으로 험담하며 외면하려 했다. 나는 국민의 세금으로 공부하고 있노라 굳게 믿었건만, 그 사람들 눈에는 생각 없는 건달이거나 하릴없이 책 짐 지고 다니는 한량으로 비친 듯했다. 억울함이 가슴에 사무칠 때면 어렴풋이 알 것도 같았다. "역사는 기록이다!"

어떤 이들은 생생한 자료라며 글자 하나까지 외는데, 어떤 이들은 힘센 이들의 장난이라며 고개를 외로 젓는다. 어떤 이들은 당시의 기록을 나중에 옮겨 적은 것이라며 그대로 받아 적는데, 어떤 이들은 후대의 조작이라며 옆으로 밀어 놓는다. 어떤 이들은 직접 보고 적은 듯하다며 믿으려 드는데, 어떤 이들은 잘못 듣고 오해한 모양이라며 혀를 끌끌 찬다. 같은 책 같은 글을 보면서 말이다.

조금 더 솔직해야겠다고 생각했다. 조금 더 엄정해야겠다고 생각했다. 선생·선배의 권위로부터 조금 더 자유로워져야겠다고 생각했다. 내 앞의 역사는 기록이므로 그걸 남긴 사람을 먼저 떠올렸다. 그도 나처럼 선입견과 독선으로 뭉친 사람일지 모른다. 그로부터 자유롭기 위해 나는 우선 성실하고 약빨라야 한다. 그래야만 우직하면서도 지혜로운 답을 얻을 수 있다. 답의 의미는 다른 이들이 찾을 것이다.

백제에 관한 옛 기록을 모아보면 마치 한 뿌리에 열린 크고 작은 고구마 같다. 분량도 증언하는 바도 제각각이다. 형식을 갖춘 자세한 기록도 있지만 조각조각 부서진 채 사족처럼 남은 기록도 있다. 그 중 국내에 남아 전하는 기록만 따로 모아 우리말로 풀고 간략히 해설해보았다.

국외 기록은 다른 분이 정리한 것으로 안다.

　백제사에 관한 제1급 사료는 역시 『삼국사기』이다. 국내외를 통틀어 이보다 자세하고 믿음직한 기록은 없다. 깔끔한 문체로 무슨 일이든 담담히 적었기에 날렵하면서도 묵직한 인상이다. 그러나 다른 한편으론 독선의 칼날이 시종 번뜩인다.

　『삼국유사』에 대해서는 왠지 애정이 앞선다. 우직하고 푸근한 문체를 앞선 이들이 넉넉하게 평한 탓일까. 『삼국사기』의 반듯반듯 단정한 모습에 물렸다가 『삼국유사』를 들여다보니 왠지 들쭉날쭉 펑퍼짐해 보인다. 한편으론 만만해 보이지만 곳곳에 묻어있는 선입견이 무섭다.

　근래 나를 가르치신 선생님들께서 각기 『역주 삼국사기』(정구복 외, 한국정신문화연구원)와 『역주 삼국유사』(강인구 외, 이회문화사)를 출판하셨다. 둘 다 5권이 한 질이다. 다섯 명 씩 1조를 이뤄 여러 해 동안 꼬박 애쓰는 모습을 옆에서 다 지켜보았으므로 지금 내가 한 일 따위는 땅 짚고 헤엄치기임을 잘 안다. 곳곳에서 선생님들의 연구성과를 슬그머니 가져다 쓰기도 했다. 고맙고 부끄럽다. 앞으로 부지런히 갈고 닦아서 갚겠다.

　예정대로라면 작년에 출판되었어야 하는 책이다. 기회를 만들고 무한정 기다려주신 백제문화개발연구원의 조부영 원장님과 신병순 사무국장님께 감사드린다. 원고를 꼼꼼히 읽고 교정해준 정재윤·이경자 선생님과 주류성의 편집진에도 고마움을 전한다.

2006년 5월

꿈마을에서　김기섭 識

차　례

『삼국사기(三國史記)』 해제

차 례

차 례

차 례

차 례

『삼국사기(三國史記)』해제

『삼국사기』는 어떤 책인가?

1. 사학사(史學史) - 동양 역사서의 역사

1) 기전체와 편년체

일찍부터 문자를 사용한 중국에서는 역사책을 많이 만들었다. 그 중 가장 이른 시기에 편찬된 책이 『춘추(春秋)』이다. 한 해를 의미하는 봄[春]과 가을[秋]을 책 이름으로 삼은 데에서도 알 수 있듯, 『춘추』는 중국 춘추시대의 제후국인 노(魯)나라에서 242년간(B.C. 722~481) 발생한 각종 사건을 날짜 순으로 기록하였다. 지은이는 공자(孔子; B.C. ?~479)라고 한다. 그래서 유교(儒敎)에서는 『춘추』를 역사서라기보다 일종의 경전으로 취급했다. 그러나 노나라 왕실에서 일어난 정치적 사건들을 공자가 나름의 기준에 따라 고발하듯 그대로 적었다는 점에서 『춘추』는 분명 연대기(年代記) 내지 역사서이다.

고대 중국에서는 기록을 맡은 관리가 따로 있었다. 이른바 사관(史官)이다. 역사책은 모름지기 이들이 평소에 작성해둔 기록을 모아 형식에 맞춰 편찬하기 마련이다. 그러나 공자는 사관이 아니었기에 『춘추』를 자기 나름의 기준에 따라 간단히 저술했다. 따라서 『춘추』를 전문적인 역사서로 보지는 않는다.

중국 최초의 전문적인 역사서는 『사기(史記)』이다. 중국 한(漢)나라 무제(武帝) 때의 사관이던 사마천(司馬遷)이 아버지 사마담(司馬談)의 작업을 이어받아 쓴 책으로서, 전설시대의 황제(黃帝)로부터 사마천이 활동하던 서기전(B.C.) 90년경까지 무려 2천 수백 년에 걸친 통사이다. 『사기』는 당시로서는 매우 특이한 역사책이었다. 모두 130권이나 되는 방대한 분량을 본기(本紀)·표(表)·서(書)·세가(世家)·열전(列傳)으로 정리하였기 때문이다. '본기'는 역대 왕조의 제왕(帝王)이 지녔던 인간적 면모와 그들의 활동상을 시대 순으로 정리한 항목이다. '표'는 제왕과 제후의 출생·즉위·중요 활동 등을 요약해서 도표로 작성한 일종의 달력이다. '서'에는 예법·음악·법률·경제 등 시대별 사회상을 적었고, '세가'에는 제후에 관한 사항을 적어놓았다. 그리고 70권을 차지하는 '열전'은 신하와 백성 중 특기할만한 사람들에 대해 적어놓은 부분이다. 이처럼 본기와 열전을 중심으로 한 서술방식을 기전체(紀傳體)라고 부른다. 기전체는 풍부한 정보를 수록할 수 있기 때문에 『사기』의 체재와 구성, 그리고 분량이 이후 국가에서 공식적으로 편찬하는 역사서의 모델이 되었다.

기전체는 정치 중심의 역사의식을 철저하게 반영한 서술방식이다. 맨 앞을 차지하는 본기는 제왕을 세상의 중심으로 여기고 그들의 활동을 전하는 일에 모든 촉각을 집중시킨다. 그리고 그들을 둘러싼 신하들의 각종 행위를 기록하는 데 많은 지면을 할애하였다. 제왕과 신하, 권력을 가진 사람들 사이에서 벌어진 각종 정치적 사건을 기록하는 것이 역사가의 본분이요 역사책의 역할이라는 생각을 반영한 것이다. 이렇게 보면, 역사책이란 일종의 정치 자료·기록인 셈이다.

사마천의 나라 한(漢)은 서기(A.D.) 8년에 멸망하였다. 그러나 얼마 안 가 서기 25년에 광무제(光武帝)가 한나라를 다시 일으켜 세웠다. 이를 보통 후한(後漢)이라고 부른다. 후한의 반고(班固)는 아버지 반표(班彪)를 이어 전한의 역사를 『사기』와 같은 방식으로 정리하였다. 그것이 바로 『한서(漢書)』이다. 『한서』는 본기·표·지(志)·열전으로 구성되어 있다. 『사기』의 서(書)에 비해 『한서』의 지(志)에는 형법(刑法)·오행(五行)·지리(地理)·예문(藝文) 등이 추가되었다.

후한은 서기 219년에 멸망하였다. 그리고 그 땅은 조조(曹操)·유비(劉備)·손권(孫權)에 의해 위(魏), 촉(蜀), 오(吳) 세 나라로 나뉘었다. 이 시기를 중국에서는 삼국시대라고 한다. 위나라에서는 서기 265년에 쿠데타가 일어나 사마염(司馬炎)이 왕위를 차지하고는 나라 이름을 진(晉)으로 바꾸었다. 그리고 서기 280년에 진나라가 중국을 통일하였다. 통일한 지 얼마 지나지 않아 진수(陳壽)라는 사관이 삼국의 역사를 65권으로 정리하였다. 이것이 『삼국지(三國志)』이다. 『삼국지』에는 표·지가 없고 본기도 위나라에만 적용되었다.

후한의 역사는 조금 더 지나 남북조시대에 정리되었다. 5세기 중엽에 송(宋)나라 사람인 범엽(范曄)이 그동안의 각종 자료와 서적을 정리해 본기 10권, 열전 80권으로 묶고 『후한서(後漢書)』라고 이름지었다. 여기에 다른 사람이 나중에 지(志) 30권을 덧붙여 모두 120권으로 만들었다.

이처럼 중국에서는 한 왕조가 멸망하고 나면 다음 왕조가 앞선 왕조의 역사를 정리하는 것을 당연시했다. 국가에서 역사책 편찬을 주관하는 경우도 있고, 개인이 편찬한 것을 나중에 공식 역사책으로 인정하는 경우도 있었다. 국가에서 공인한 역사책을 흔히 정사(正史)라고 부른다. 정사는 모두 기전체로 되어 있는 것이 특징이다.

기전체로 역사서를 만들면 사안별로 매우 자세한 기록을 남길 수 있다. 그러나 분량이 너무 많고 같은 사건일지라도 기록이 이쪽저쪽으로 흩어져 있어서 일목요연하지 못하다는 단점이 있다. 따라서 이에 대한 보완책이 필요했다.

송나라(960~1279) 때의 관료정치가인 사마광(司馬光; 1019~1086)은 왕명을 받고 18년만에 읽기 편한 역사책을 만들어냈다. 『자치통감(資治通鑑)』이다. 역사상 중요한 사건을 날짜순으로 정리한 이른바 편년체(編年體) 역사서인데, 그 이름에는 '(왕이 나라를)다스리는 데 도움을 주는 역사서' 라는 뜻이 담겨 있다. 말하자면 임금의 정치적 교훈서인 셈이다. 그렇기 때문에 『자치통감』은 교훈적이고 실용적인 성격이 매우 강하다. 교훈적이기에 다분히 도덕 지향적이다. 그러면서도 편찬자의 주관을 최대한 배제하고 있는 그대로 기술하려는 원칙을 세우고 있다. 예전에 공자가 『춘추』에서 그랬던 것처럼.

2) 동양 역사서의 특징

중국에서 정사로 꼽히는 역사책은 대략 25개 정도이다. 이들 정사와 『자치통감』 등에는 몇 가지 공통점이 있다. 그리고 그것은 한국과 일본에서 만들어진 전통 역사책에서도 고스란히 발견된다. 이제 그 특징을 간략하게 정리해보자.

첫째, 왕조와 지배자 중심으로 역사를 서술했다는 점이다. 『춘추』·『사기』·『자치통감』은 모두 위정자를 대상으로 했거나 그들을 위해 만든 책이다. 또, 『한서』·『후한서』·『삼국지』·『진서(晋書)』·『수서(隋書)』·『당서(唐書)』 등에서 보듯 한 왕조를 단위로 삼아 역사를 정리했다. 따라서 당연히 정치사 중심의 역사 인식이 뚜렷하게 드러난다. 동양의 역사책에서 평민에 관한 부분을 찾기 어려운 이유는 바로 여기에 있다.

둘째, 술이부작(述而不作) 정신이 서술의 원칙이었다는 점이다. '술이부작'이란 '(듣고 본 대로) 기술하기는 하되 창작하지는 않는다'는 뜻으로, 『논어(論語)』에 나오는 말이다. 이 말에는 어떤 글을 쓸 때 자기의 주관을 최대한 배제하겠다는 뜻이 담겨있다. 달리 말하면, 객관적으로 서술해야 한다는 것이다. 역사책이란 지금 당장 이용하는 책이 아니라 후손들이 과거의 사실을 정확히 알 수 있도록 충분한 자료를 제공하는 책이라는 관점에 서 있다. 그래서 동양의 역사책은 지나칠 정도로 충실히 원문을 인용한다. 만약 어떤 역사적 사건에 대해 역사가가 자신의 생각을 나타내고 싶으면 별도로 사론(史論)을 이용했다. 사론은 역사가의 생각을 논술한 것으로서, 오늘날의 평론과 유사하다.

셋째, 유교적 역사관이 지배한다는 점이다. 동양의 역사책은 도덕적 교훈을 주려는 목적이 강하다. 기존의 질서를 무너뜨리는 부도덕한 이들의 행위는 세상에 널리 알려 뭇사람의 지탄을 받고 타산지석(他山之石)으로 삼게 하며, 바람직한 행동은 뭇사람의 칭찬을 받고 모범으로 삼게 하려는 의도가 강하다. 역사책을 통해 죄를 벌한다는 권선징악의 신념은 옛날 공자가 『춘추』를 지은 이유이기도 했다. 따라서 이러한 역사 의식을 이른바 춘추필법(春秋筆法)이라고 부른다. 사관이 갖추어야 할 가장 중요한 덕목이 바로 춘추필법이라고 믿었으므로 동양의 역사책은 그 자체로 교육용 도덕 교과서라고 할 수 있다. 대신 사건의 인과 관계를 밝히려는 노력은 크지 않아서 서양의 역사책과 큰 차이를 보여준다.

2. 『삼국사기』의 편찬 과정

1) 편찬 배경

서기 1145년 2월 4일(음력 12월 22일), 문하시중을 지내고 퇴직한 김부식(金富軾)이 고려국왕 인종(仁宗)에게 『삼국사기』를 바쳤다. 이때 그는 『삼국사기』를 바치는 글 [進三國史記表]을 썼는데, 대략 이런 내용이다.

예전에 폐하께서는 이렇게 말씀하셨습니다. '지금 우리나라[高麗]의 학자와 관료들은 중국의 경전과 역사에 두루 통하여 상세히 알면서도 정작 우리나라 일에 대해서는 전혀 알지 못하니 한탄스러운 일이다. 신라·고구려·백제에서 일어난 일을 중국 역사책에서 조금 다루긴 했으나, 자기 역사가 아니므로 열전에서 간단히 소개하였을 뿐이다. 우리나라에서 만든 책은 표현이 거칠고 빠진 것이 많아서 군주와 왕비의 착하고 악함, 신하의 충성됨과 간사하고 악함, 나라 일의 안전함과 위태로움, 백성의 다스려짐과 어지러움을 드러내어 권하거나 징계하기 어렵다. 우리도 좋은 역사책을 후손에게 전했으면 좋겠다.' 이에 제가 비록 나이도 많고 식견도 없으나 겨우 책을 만들어보았으니 굽어살피소서.

'삼국사기를 바치는 글'은 김부식이 『삼국사기』를 편찬하게 된 이유를 우리에게 알려준다. 왕이 '삼국에 관한 좋은 역사책이 있으면 좋겠다'고 해서 편찬하였다는 것이다. 흔히 정부에서 주관하여 만든 역사책을 관찬사서(官撰史書)라 부르고, 개인이 만든 역사책을 사찬사서(私撰史書)라 부르는데, 왕명을 받들어 편찬하였으니 『삼국사기』는 관찬사서라고 할 수 있다. 그것은 『삼국사기』를 김부식 혼자서 만들지 않고 10명의 학자를 동원하였던 사실에서도 잘 드러난다. 『삼국사기』 맨 뒷장에는 책을 만든 11명의 이름이 차례로 적혀 있다. 그런데 그들은 모두 정부 관료이거나 관료였던 사람들이다. 특히, 그 중 1명은 현직 사관이기도 하였다.

인종이 『삼국사기』를 편찬하라고 명령을 내린 시점은 명확하지 않다.

다만, 김부식이 정계를 은퇴한 시기와 나머지 편찬자들의 행적을 감안할 때, 인종 20년(1142) 무렵일 가능성이 높다. 그 해 정월에 김부식의 측근인 정습명(鄭襲明)이 대간의 탄핵을 받아 면직되었다. 그리고 6년 전 김부식이 강력히 주장해 좌천시켰던 윤언이(尹彦頤)가 중앙정계로 복귀할 조짐이 나타났다. 그러자 김부식은 3월에 서둘러 정계를 은퇴하였다. 정년퇴임을 불과 18개월 남겨두고서 세 번이나 사직 상소를 올려 억지로 은퇴한 것은 윤언이에 대한 인종의 총애가 두터워 정치보복을 받을까 두려워했기 때문이다. 그러자 인종은 김부식의 마음을 위로할 겸 역사책을 만들어보라고 주문하였다. 그 결과 3년 뒤에 책이 완성되었다. 『삼국사기』라는 이름은 책을 왕에게 바칠 때 정했다고 한다.

인종이 김부식에게 『삼국사기』를 편찬해달라고 주문할 때 강조한 것은 두 가지였다. 첫째, 당시 지식인들이 중국 역사에 대해서는 해박하면서도 우리 역사에 대해서는 전혀 무지한 상태를 개선하겠다. 둘째, 우리 역사 기록은 문장이 다듬어지지 않고 내용이 소략해서 바람직한 역사적 교훈을 주지 못한다. 이 두 가지는 인종의 생각이지만, 동시에 김부식의 생각이기도 했다. 김부식은 평소 논리적으로 잘 다듬어진 고문체(古文體) 문장을 사용하자고 열심히 주장할 정도로 문학적 자신감이 대단하였기 때문이다.

어떤 사람들은 불교세력이 주도한 묘청(妙淸)의 난을 유학자인 김부식이 진압한 뒤 전통적 문화유산을 부정하고 유교사관을 정립하기 위해 『삼국사기』를 편찬했다고 주장하기도 한다. 그러나 김부식이 살았던

12세기 중엽의 고려에서는 유교와 불교가 이념상 서로 대립하지 않았다. 김부식이 유교이념을 널리 유행시키려고 노력한 것은 사실이지만 불교를 배제할 생각은 없었다. 그의 형 가운데 한 명은 불교 승려로 출가하였고, 김부식 자신도 말년에는 관란사(觀瀾寺)라는 원당을 지었다. 또, 그는 전통문화를 새로운 유교적 관점에서 비판했을지언정 전통문화 자체를 부정하지는 않았다. 이는 그가 남긴 글을 통해 비교적 분명히 확인할 수 있다.

한편, 신라 왕족 출신이자 경주지방의 유력한 토착세력에 속했던 김부식은 처음부터 신라 중심의 역사를 쓰려 했다고 지적하는 사람들이 많다. 고려를 고구려의 계승 국가로 인식하던 지금까지의 인식을 바꿔 신라를 계승한 나라로 만들려는 의도가 있었다는 것이다. 일리 있는 주장이다. 확실한 증거는 없지만 고려 왕조가 문화적, 영토적, 현실적으로 신라를 계승했다는 사실을 강조하는 대목이 『삼국사기』에는 적지 않다. 그러므로 처음부터 신라를 강조하려는 의도가 있었다고 볼 만하다.

2) 편찬한 사람들

『삼국사기』는 김부식 혼자 편찬한 책이 아니다. 『삼국사기』 맨 뒷장에는 편찬에 참여한 사람들의 이름이 다음과 같이 적혀 있다.

관구(管句) 우승선(右承宣) 상서공부시랑(尚書工部侍郞) 한림시강학사(翰林侍講學士) 지제고(知制誥)   신(臣) 정습명(鄭襲明)

동관구(同管句) 내시(內侍) 보문각(寶文閣)교감(校勘) 장사랑 상식직장(尙食直長)

동정(同正)　　　　　　　　　　　　　　　　　신 김충효(金忠孝)

편수(編修) 수충정난정국(輸忠定難靖國) 찬화동덕공신(贊化同德功臣) 개부의동삼

사(開府儀同三司) 검교태사(檢校太師) 수태보(守太保) 문하시중(門下侍中) 판상서

리례부사(判尙書吏禮部事) 집현전대학사(集賢殿大學士) 감수국사(監修國史) 상주

국(上柱國) 치사(致仕)　　　　　　　　　　　신 김부식

참고(參考) 문림랑(文林郞) 시장야서령(試掌冶署令) 겸 보문각 교감

　　　　　　　　　　　　　　　　　　　　　신 최산보(崔山甫)

참고(參考) 장사랑(將仕郞) 분사(分司) 사재(司宰)주부(注簿)

　　　　　　　　　　　　　　　　　　　　　신 이온문(李溫文)

참고(參考) 문림랑 수궁서령(守宮署令) 겸 직사관(直史館)

　　　　　　　　　　　　　　　　　　　　　신 허홍재(許洪材)

참고(參考) 유림랑 금오위(金吾衛) 녹사(錄事) 참군사(參軍事)

　　　　　　　　　　　　　　　　　　　　　신 서안정(徐安貞)

참고(參考) 유림랑(儒林郞) 전(前) 국학(國學)학정(學正)　신 박동주(朴東柱)

참고(參考) 문림랑 국학 학유(學諭) 예빈승(禮賓丞) 동정　신 이황중(李黃中)

참고(參考) 서재장판관(西材場判官) 유림랑 상의직장(尙衣直長) 동정

　　　　　　　　　　　　　　　　　　　　　신 최우보(崔祐甫)

참고(參考) 보문각 수교(修校) 문림랑 예빈승 동정　신 김영온(金永溫)

관구(管句)는 관장하여 담당한다는 뜻으로서, 편찬 작업을 행정적으로

뒷받침해주는 직책이며, 동관구는 그 다음 직책이다. 편찬을 주도한 김부식에 앞서 관구 정습명과 동관구 김충효를 적은 것은 김부식이 퇴직한 관리이고, 『삼국사기』는 왕명에 의한 국가적 공식 편찬이었기 때문이다. 그러므로 『삼국사기』 편찬청이 따로 설치되지는 않았지만, 그 기구에 준하는 조처가 이루어졌을 것이다. 공식적인 총책임자는 정습명이었다. 그러나 정습명은 대간(臺諫)으로 근무할 때 재상인 김부식의 집에서 기숙했을 정도로 친분이 두터웠으므로 실질적 책임자인 김부식을 적극 지원하는 일에만 머물렀을 것이다.

『삼국사기』 편찬을 주도한 편수(編修) 김부식은 경주 김씨로서 신라 왕실의 후예였다. 서기 1075년에 경주에서 5형제 중 넷째로 태어나 경주에서 자랐다. 대략 15세 무렵에 아버지를 여의고, 22세에 과거 시험에 합격하였다. 그는 한림원(翰林院)에서 20여년간 근무하였다. 한림원은 왕명에 따라 문서를 작성하는 곳이었으므로 김부식은 학문을 열심히 연마해 고문(古文)의 대가가 되었다.

인종 13년(1135), 서경(西京) 곧 지금의 평양에서 묘청의 난이 일어났다. 당시 판병부사(判兵部事)였던 김부식은 토벌군 원수에 임명되어 전권을 위임받았다. 그러자 그는 수도인 개경(開京)을 떠나기 전에 왕의 허락도 받지 않고 묘청파였던 정지상(鄭知常) · 백수한(白壽翰) · 김안(金安)의 목을 베어 왕에게 바쳤다. 그리고는 14개월만에 묘청의 난을 진압하였다. 왕은 김부식에게 수충정난정국공신(輸忠定難靖國功臣)이라는 칭호를 내리고 문하시중(門下侍中)에 임명하였다. 그러나 그는 문하시중 직을 사양하고 대신 진압과정에서 마찰을 빚은 윤언이(尹彦頤)와 한유충(韓惟忠)을 처벌해달라고 요구하였다. 윤언이는 윤관(尹瓘)의 아들인데다 인종의 장인인 임원애(任元敱)의 처조카였다. 게다가 학문적 재능이 뛰어나 왕의 신임이 두터웠기에 논란이 일었다. 그래도 김부식의 뜻이 워낙 강경했기에 결국 관철되었다. 어느덧 김부식은 권력의 정점에 서 있었던 것이다.

인종 18년(1140)부터 김부식에게 정치적 어려움이 닥쳐왔다. 인종은 대사면령을 내려 김부식의 정적들이 다시 재기할 수 있는 길을 터 주었다. 반면, 김부식과 측근들이 주동하여 올린 상서는 받아들이지 않았다. 그리고 2년 뒤에는 마침내 정습명이 벼슬에서 물러나고 윤언이가 중앙 정계로 복귀하게 되었다. 이에 왕의 신임이 두터운 윤언이가 정치적 보복을 할지 모른다는 두려움에 김부식은 스스로 퇴직하고 『삼국사기』 편찬에 전념하였다.

김부식은 체격이 크고 뚱뚱한 편이며, 얼굴이 검고 눈알이 나온 모습이었다. 성품은 시기심이 많고 권위적이었다고 한다. 그리하여 아들 김돈중(金敦中)이 과거시험에서 2등으로 급제하자 왕이 아버지의 체면을 감안해서 1등으로 고쳐주는 것을 짐짓 모른 체 묵인하였고, 김돈중이 대궐을 지키는 장교[견룡] 정중부(鄭仲夫)의 수염을 촛불로 그을리며 희롱하다가 두들겨 맞은 일이 발생하자 정중부 등을 묶어놓고 때리려 한 적도 있다. 그렇지만 그의 학식과 문장은 중국에까지 소문날 정도로 수준 높았다.

참고(參考)는 자료를 발췌·대조·교감하는 일을 주로 맡았다. 대다수가 정9품 유림랑 내지 종9품 문림랑을 칭할 정도로 품계가 낮은 하급관료이지만, 모두 과거시험에 합격한 인재였다. 아마도 8명 모두 김부식이 직접 추천해 뽑았을 것이다. 『삼국사기』에는 다양한 중국 자료를 참고하고 그것을 우리 기록과 면밀히 검토한 흔적이 자주 눈에 띄는데, 이는 모두 여러 명의 참고직이 있었기에 가능하였다.

3. 『삼국사기』의 체재와 내용

1) 본기(本紀)

본기는 역대 왕들의 활동을 시대와 날짜 순으로 정리한 기록이다. 주로 왕이 즉위하던 무렵의 상황과 계보 문제, 각종 정치 및 전쟁에 관한 문제, 특이한 사회 현상과 기상 이변 등을 적었다. 그런데 『삼국사기』에는 한 나라의 왕만 소개하는 것이 아니라 같은 시기에 활동한 세 나라의 왕을 모두 소개해야 했으므로 3개의 본기를 두었다. 나라마다 서술 분량에 차이가 있어서 「신라본기(新羅本紀)」는 12권, 「고구려본기(高句麗本紀)」는 10권, 「백제본기(百濟本紀)」는 6권으로 되어 있다.

가장 먼저 실린 것은 「신라본기」이다. 신라가 삼국 중 가장 먼저 건국했고 가장 오래 지속된 나라라고 믿었기 때문이다. 「신라본기」에 의하면, 혁거세거서간(赫居世居西干)이 나라를 세운 때는 서기전 57년이며, 나라가 망한 때는 경순왕(敬順王) 때인 서기 935년이다. 거의 1,000년에

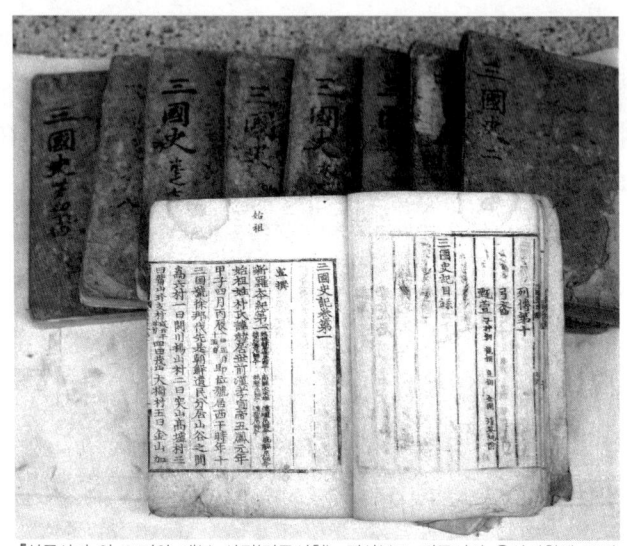

『삼국사기』의 표지와 내부 사진(경주시청). 경상북도 경주시의 옥산서원에 보관
되어 있는 책으로서, 1970년에 보물 제525호로 지정되었다. 전체 9책이며, 가로
22.4㎝, 세로 31.5㎝ 크기의 한지에 장마다 9행 18자씩 적혀 있다.

달하는 역사이다. 이 기나긴 세월에 도합 56명의 신라왕이 즉위하였다.

　다른 곳과 달리 「신라본기」에는 사건이 발생한 날짜를 밝힌 기사가
비교적 많은 편이다. 가령, 제20대 자비마립간(慈悲麻立干)은 즉위한 지
22년째 되던 해인 서기 479년 봄 2월 3일(음력)에 죽었다. 제25대 진지
왕(眞智王)은 즉위 4년째인 서기 579년 가을 7월 17일(음력)에 죽자 시
호를 진지(眞智)라 하고 영경사(永敬寺) 북쪽에 장사지냈다. 제27대 선
덕왕(善德王)은 재위 16년째인 서기 627년 봄 정월 8일(음력)에 죽자 낭
산(狼山)에 장사지냈다고 한다.

「고구려본기」는 동명성왕(東明聖王)을 포함한 28명의 왕과 그 활동에 대해 적었다. 기록으로는 서기전 37년에 건국하여 보장왕(寶藏王) 때인 서기 668년에 멸망했으니 700년이 넘는 역사이다. 그것을 10권으로 정리하였다. 일단 분량으로는 적은 편이 아니다. 1,000년 역사의 「신라본기」도 12권이지 않은가? 그러나 「고구려본기」에는 중국과의 전쟁·외교에 관한 기사가 유독 많다. 그 기사의 대부분은 중국 문헌자료를 이용하였다. 국내 기록이 적었기 때문일 것이다. 그래서인지 「고구려본기」에는 날짜가 구체적으로 기록된 기사가 거의 없다. 사건이 일어난 해[年]와 계절, 달[月]까지만 기록하거나 해만 겨우 기록하였을 뿐이다. 이것이 「신라본기」와 크게 다른 점이다.

가장 마지막에 실린 「백제본기」는 백제 678년의 역사를 적어놓았다. 서기전 18년에 온조왕(溫祚王)이 즉위한 이래 서기 660년에 의자왕(義慈王)이 나당(羅唐)연합군에게 항복할 때까지 31명의 왕이 즉위했다고 전한다. 왕이 고구려보다 많았음에도 불구하고 기사 분량은 형편없이 적어서 도합 6권에 불과하다. 그나마 1권은 백제의 멸망과 부흥운동에 대한 것으로서 중국 자료를 이용하였다. 『삼국사기』를 편찬하던 무렵 백제에 관한 기록이 매우 적었음을 알려주는 사례이다. 「백제본기」에는 날짜까지 구체적으로 기록된 국내 기사가 전혀 없다.

이처럼 『삼국사기』의 본기는 실질적으로 신라 중심이지만, 형식상으로는 삼국에 차이가 없다. 「신라본기」에서는 신라를 '우리나라'로 부르고, 「고구려본기」에서는 고구려를 '우리나라'로 부른다. 마찬가지로

「백제본기」에서는 백제가 '우리나라'이며, 역사 서술도 모두 백제 중심이다. 나름대로는 삼국을 공정하게 다루려는 의지가 엿보인다. 그럼에도 불구하고 기사 분량 등에서 신라 중심일 수밖에 없었던 것은 무엇보다 통일신라기를 거치는 사이에 이미 고구려와 백제의 역사 자료가 크게 손실된 탓이 큰 듯하다.

2) 연표(年表)

도표화된 일종의 달력으로서, 상·중·하 3권으로 되어 있다. 한 줄을 5칸으로 나눈 뒤, 맨 위 칸에는 간지(干支)를 적고, 뒤이어 중국·신라·고구려·백제에서 일어난 중요 사건을 차례로 적어 넣었다. 그 내용을 보면 대체로 왕의 즉위, 왕의 성씨와 이름, 왕의 죽음, 사용한 연호(年號), 재위한 햇수[年數] 등을 다뤘다. 그리고 후삼국기의 궁예와 견훤 정권도 포함시켰는데, 각각 고구려와 백제 뒷자리에 배치하였다.

연표에서는 본기와 다른 표현법이 종종 발견된다. 가령, 신라 혁거세 거서간의 죽음을 「신라본기」에서는 '승하(升遐)'라고 높게 표현하였으나 연표에서는 그냥 '훙(薨)'이라 하여 제후에게 쓰는 용어를 적용하였다. 반면, 고구려 동명성왕은 「고구려본기」와 연표 양쪽 모두 '승하'라고 하였다. 백제 온조왕의 경우에는 양쪽 모두 '훙'으로 적었다. 이처럼 신라보다 고구려의 왕을 높인 점 때문에 『삼국사기』의 연표는 고구려 중심으로 쓰인 다른 역사서의 자료를 그대로 사용한 것이 아닌가 추정되기도 한다.

3) 잡지(雜志)

삼국시대의 제도와 사회상을 소개한 부분이다. 모두 9권이며, 제사(祭祀)·음악[樂]·색복(色服)·거기(車騎)·기용(器用)·옥사(屋舍)·지리(地理)·직관(職官) 등의 항목으로 나뉜다. 중국사서처럼 지(志)라고 하지 않고 굳이 '잡지'라고 한 것은 자료가 적어 항목과 분량을 제대로 갖추지 못했기 때문인 듯하다.

잡지(1)은 제사와 음악에 대해 소개하였다. 주로 신라에 대한 기록이며, 고구려와 백제 자료는 중국사서에서 채록한 정도에 그친다. 잡지(2)도 마찬가지이다. 대부분 신라의 골품제에 따른 계급별 차이를 소개하였다. '색복'은 옷, '거기'는 수레, '기용'은 금속·장신구, '옥사'는 집에 대한 것인데, 계급에 따라 규모와 장식 등을 제한하는 규정이 간략하게 적혀 있다. 잡지(3)~(6)은 지리에 관한 기록이다. 삼국시대의 영토와 행정구역 추이를 밝히려 했지만, 통일신라기의 행정기록에 기초한 것이어서 한계가 있다. 잡지(7)~(9)는 관직에 관한 기록이다. 여기에서도 고구려와 백제에 대한 기록은 매우 소략하여 새로운 것이 전혀 없고, 신라에 대해서는 비교적 자세하다.

4) 열전(列傳)

열전은 왕을 둘러싼 신하와 백성들 중 특별히 기억해둘 만한 인물을 소개한 부분이다. 본받을만한 인물과 본받아서는 안 되는 인물을 모두 다루므로 중국사서에서는 흔히 충신열전과 반역열전으로 나누기도 한다. 그러나 『삼국사기』에는 그런 구분이 없다. 다만, 전체 10권 중 맨 앞 3권까지는 김유신(金庾信)의 행적을 자세히 다루었으며, 맨 마지막 10권에서 궁예와 견훤을 소개하였으니 나름대로의 은밀한 구분은 있는 셈이다.

열전(4)에는 자기 나라의 강역을 넓히거나 외적의 침입에 맞서 싸운 인물을 소개하였다. 그런데 전체 9명 중 7명이 신라 사람이며 고구려·백제 사람은 각각 한 명씩에 불과해 인물 편중이 심하다. 열전(5)에서는 어질거나 충성스런 관료, 국가를 위해 생명을 바친 신하 10명을 다루었다. 그 중 신라와 고구려 사람이 각각 5명씩이며 백제 사람은 없다. 열전(6)은 유명한 문장가 3명을 소개하고 기타 8명은 이름 정도만 실었는데, 모두 신라 사람이다. 열전(7)은 전쟁터에서 장렬히 죽은 장병 13명을 소개하였다. 그중 백제 사람은 계백(階伯) 한 명 뿐이고 나머지는 모두 신라 사람이다. 열전(8)에는 착한 일을 한 평민이나 음악가·화가·서예가 등 예술가를 소개하였다. 전체 11명 중 백제 사람은 한 명이며, 고구려 사람은 없다. 열전(9)에는 고구려 사람들만 소개하였는데, 자세히 다룬 2명은 왕을 갈아치우거나 죽인 사람이며, 간단히 다룬 4명은 모두 나라를 망하게 한 사람들이다. 그러므로 열전(10)과 함께 반역열전으로 분류된다.

「백제본기」의 특징은 무엇인가?

1. 체재와 내용

「백제본기」는 도합 6권으로 구성되어 있다. 『삼국사기』 제23권이 「백제본기」 제1권이며, 『삼국사기』 제28권이 「백제본기」 제6권이다. 『삼국사기』가 전체 50권이고, 그 중 '본기'가 1권부터 28권까지이므로, 「백제본기」는 대략 전체 기록의 12%, 본기에서는 21% 가량을 차지하는 셈이다. 비중이 꽤 낮은 편이다.

「백제본기」(1)에는 시조 온조왕(溫祚王)을 비롯해 5명의 왕이 다스리던 때의 일들을 적었다. 그 중 기사 분량이 가장 많은 것은 역시 온조왕기(紀)이다. 온조가 나라를 세우기까지의 과정을 담은 설화, 말갈(靺鞨)·낙랑(樂浪)과의 다툼, 더 안전한 곳으로의 천도, 마한(馬韓) 정벌 등이 주된 내용이다. 이후 다루왕(多婁王)·기루왕(己婁王)·개루왕(蓋婁王)·초고왕(肖古王)기에서는 주로 이웃나라와의 전쟁·외교 문제를 많이 다루었다.

「백제본기」(2)에는 모두 10명의 왕에 대한 기사가 실렸다. 구수왕(仇首王)·사반왕(沙伴王)·고이왕(古爾王)·책계왕(責稽王)·분서왕(汾西王)·비류왕(比流王)·계왕(契王)·근초고왕(近肖古王)·근구수왕(近仇首王)·침류왕(枕流王) 등이다. 이 가운데 사반왕은 즉위하자마자 곧 쫓겨났으므로 이름만 확인될 뿐 기록이 전혀 없다. 그밖에 9명의 왕 중에서도 책계왕·분서왕·계왕·침류왕기는 내용이 매우 소략하다.

「백제본기」(3)은 모두 6명의 왕에 대한 기록이다. 진사왕(辰斯王)·아신왕(阿莘王)·전지왕(腆支王)·구이신왕(久爾辛王)·비유왕(毗有王)·개로왕(蓋鹵王)인데, 고구려의 강세에 밀려 고전했다는 공통점이 있다. 외교 활동을 통해 정치적 어려움을 해결하려 한 점도 같다. 그러나 각고의 노력에도 불구하고 개로왕 때에는 끝내 고구려의 침략을 받아 수도 한성이 함락되고 만다.

「백제본기」(4)는 문주왕(文周王)·삼근왕(三斤王)·동성왕(東城王)·무령왕(武寧王)·성왕(聖王) 때의 일을 적었다. 백제가 웅진(熊津) 곧 지금의 공주지역으로 도읍을 옮긴 뒤의 이른바 웅진도읍기에 재위하던 왕들이다. 문주왕과 삼근왕 때의 기록은 매우 적다.

「백제본기」(5)에는 4명의 왕에 대한 기사가 실렸다. 위덕왕(威德王)·혜왕(惠王)·법왕(法王)·무왕(武王)이다. 그러나 혜왕과 법왕 때의 기록이 너무 적어 실제로는 위덕왕과 무왕에 대한 기록이라고 할 만하다. 4명 모두 사비(泗沘) 곧 지금의 부여지역으로 도읍을 옮긴 뒤에 즉위하였고, 불교를 극진히 믿었다는 공통점이 있다.

「백제본기」(6)은 의자왕(義慈王)기사뿐이다. 그래도 다른 곳에 비해 기사 분량이 결코 적지 않다. 멸망과정을 상세히 소개한 기록 덕분이다. 그런데 그 내용이 중국의 『당서(唐書)』와 대체로 같다. 그곳에서 채용했음을 알 수 있다.

이와 같이 「백제본기」를 6권으로 나눈 데에 어떤 특별한 의도가 담겨 있었을까? 단순히 기사 분량에 따라 구분했다고 보기에는 묘하게도 공통점이 엿보인다. 왕통 계보와 정치 변동 상황을 반영한 것이라는 견해가 있다. 그러나 아직 충분히 입증되지는 않았다.

2. 신뢰도

1) 왕의 이름 및 재위기간에 관한 문제

『삼국사기』 「백제본기」에 실린 내용은 모두 사실일까? 당대 최고의 역사서이니 당연히 그래야 하겠지만 유감스럽게도 그렇지는 않다. 군데군데 잘못된 내용들이 실려있다. 몇가지 예를 들어보자.

백제의 제6대 임금은 구수왕(仇首王)이다. 그리고 제14대 임금은 근구수왕(近仇首王)이다. 그런데 이들 두 임금의 이름에 들어간 '구(仇)'자는 '원수'라는 뜻을 지닌다. 그러니까 '구수왕'의 이름을 우리말로 풀어보면 '원수의 우두머리'라는 뜻이 된다. 근구수왕도 마찬가지다. 자기 나라 왕의 이름에 이렇게 험한 뜻을 붙일 사람이 어디 있겠는가? 그런 점에서 '구수왕'은 백제에 원한을 가졌거나 적어도 애정이 없던 사람들이 붙인 이름일 개연성이 높다. 아마도 신라 사람들이 그랬을 것이다.

마침 「백제본기」에는 구수왕에 대해서 "귀수(貴須)라고 부르기도 한다"는 설명이 덧붙여져 있다. 근구수왕에 대해서는 "이름이 수(須)라는 말도 있다"고 하였다. 일본에서 서기 720년에 편찬된 『일본서기(日本書紀)』에는 근구수왕이 귀수왕(貴須王)으로 적혀 있다. 아마도 귀한 사람이라는 뜻의 귀수왕이 원래 이름이었을 것이다.

제17대 아신왕(阿莘王)의 경우에도 의문이 생긴다. 「백제본기」에 "아방(阿芳)이라고도 했다"는 설명이 덧붙여져 있기 때문이다. 단순히 풀이름을 뜻하는 '신(莘)'보다 '향기롭다'는 뜻을 지닌 '방(芳)'이 왕의 이름으로서는 더 적합하지 않겠는가. 마침 『일본서기』에는 아신왕이 아화왕(阿花王)으로 적혀 있다. 아방왕·아화왕은 싱그러움과 화사함이 깃든 이름이며, 아신왕은 어딘가 시들한 인상을 주는 이름이다. 아신왕은 아화왕(阿華王)을 일부러 바꿔 적은 것인지도 모른다.

1971년에 충남 공주시에서 무령왕릉(武寧王陵)이 발견되었다. 벽돌로 만든 무덤 안에는 각종 부장품과 함께 왕과 왕비의 죽음 및 장례 절차 등을 적어놓은 지석(誌石)이 놓여있었다. 가장 정확한 당시의 기록이다. 그런데 거기에는 왕의 이름이 사마왕(斯麻王)으로 새겨져 있다. 죽은 날은 62세이던 계묘년(癸卯年; A.D.523) 5월 7일이라고 한다.

『삼국사기』「백제본기」에는 제25대 무령왕(武寧王)의 이름이 사마(斯摩) 혹은 융(隆)이라고 적혀 있다. 523년 여름 5월에 죽었으며, 시호를 무령(武寧)이라고 했다는 기사도 있다. 무령왕릉에서 수습한 지석의 내용과 비교할 때 대체로 일치한다. 학계는 환호하였다. 『삼국사기』의 정확성이 입증되었다는 것이다. 과연 그런가? 달리 볼 여지도 있다.

무령왕릉에서 나온 2개의 지석에 의하면, 무령왕은 서기 523년 5월 7일에 죽어서 3년상을 치른 뒤 525년 8월 12일 무덤에 안치되었다. 그리고 서기 526년 11월에는 왕비마저 죽었으므로 장례를 치른 뒤 529년 2월 12일 무령왕과 합장했다고 한다. 그런데 사실 지석에서는 무령왕이라는 이름을 전혀 찾을 수 없다. 처음부터 끝까지 사마왕(斯麻王)이다. 왕을 묻은 525년 혹은 왕비가 묻힌 529년 경에는 지석에 '왕의 시호는 무령이다'라고 덧새겨놓았을 법하건만 전혀 그러지 않았다. '무령'이라는 시호는 그토록 뒤늦게 붙인 이름인 것이다.

지석에는 사마(斯麻), 『삼국사기』에는 사마(斯摩)로 적힌 사실도 눈여겨볼 만한 대목이다. 어떤 이들은 음(音)이 같으므로 문제없다며 그 차이를 대수롭지 않게 여기지만, 일개 평민이 아닌 백제왕의 이름이므로 간단치 않은 문제이다. 글자가 다른 만큼 신뢰도에 영향을 미칠 수 있다. 더욱이 한쪽은 '사마왕'이라 하여 누구나 부를 수 있는 왕의 정식 명칭으로 소개한 반면, 다른 한쪽에서는 몇몇 사람이 특수한 경우에만 부를 수 있는 특별한 이름으로서 다루었다는 점이 중요하다.

『일본서기』에는 무령왕의 이름이 사마왕(斯麻王)으로 적혀 있다. 서기 502년에 즉위하였다가 서기 523년 여름 5월에 죽은 것으로 나온다. 그런데 『삼국사기』에는 무령왕이 서기 501년에 즉위하였다가 서기 523년 여름 5월에 죽은 것으로 되어 있다. 사망한 해는 두 기록이 서로 같지만, 즉위한 해에 대해서는 1년의 차이가 있는 것이다. 어느 쪽이 정확한지는 알 수 없다. 다만, 『삼국사기』 쪽에 약간의 착오가 있었던 것은 분명하다. 동성왕이 서기 501년 12월에 죽었다고 해놓고선, 같은 해 봄 정월에 좌평 백가(苩加)가 반란을 일으키자 무령왕이 토벌하였고 겨울 11월에는 고구려의 수곡성을 습격하였다고 적어놓았기 때문이다. 이듬 해인 서기 502년에도 역시 겨울 11월에 고구려의 변경을 쳤다는 기록이 있으므로, 같은 사건을 501년과 502년에 각각 따로 적어놓은 것이 아닌가 생각된다.

이처럼 『삼국사기』의 기록이 반드시 정확한 것은 아니다. 어떤 경우에는 명백히 잘못된 부분도 적지 않다. 고이왕(古爾王)과 비류왕(比流王)의 경우가 이에 해당한다.

제8대 임금 고이왕(234~286)은 제4대 개루왕(128~166)의 '둘째아들'이다. 그는 제6대 구수왕의 맏아들인 사반왕이 왕위를 계승하였으나 어려서 정치를 잘할 수 없으므로 대신 왕위에 올랐다고 한다. 그런데 고이왕이 진짜 개루왕의 아들이라면 적어도 개루왕이 죽은 해인 166년에는 잉태되었어야 한다. 그렇다면 고이왕이 즉위할 때의 나이는 약 68세였고, 이후 53년간 재위하다가 대략 120세에 죽은 것이 된다. 이해하기 힘든 나이이다. 물론, 특별히 장수하지 말라는 법은 없다. 그러나 추정되는 최소한의 나이가 120세라면 아무래도 믿기 곤란하다.

제11대 임금 비류왕(304~344)은 제6대 구수왕(214~234)의 '둘째아들'이다. 구수왕의 맏아들인 사반왕과는 형제가 되는 셈이다. 비류왕도 고이왕과 마찬가지로 예전 왕의 아들이 어리므로 신하들의 추대를 받았다고 한다. 그리고 고이왕처럼 나이가 이치에 맞지 않는다. 비류왕이 구수왕의 아들이려면 최소한 구수왕이 죽은 해인 234년에는 잉태되었어야 한다. 그렇다면 비류왕은 최소 70살에 왕위에 오른 다음 41년간 재위하다가 대략 110살 이상의 나이로 죽은 것이 된다. 고이왕에 관한 기록과 마찬가지로 의심이 가는 부분이다.

한 가지만 더 살펴보자. 『삼국사기』 「백제본기」에 의하면, 무령왕은 제24대 동성왕(東城王)의 '둘째아들'이라고 한다. 그러나 『일본서기』 무열기(武烈紀) 4년조에는 "「백제신찬(百濟新撰)」에 이르기를 '말다왕(末多王)이 무도하여 백성들을 난폭하게 학대하므로 나라 사람들이 함께 제거하였다. 무령왕이 대신 왕위에 올랐는데, 이름은 사마왕(斯麻王)이다. 이 사람은 곤지(琨支) 왕자의 아들이니, 곧 말다왕의 배다른 형이다.……'라고 하였다"는 기록이 있다. 위의 곤지왕자란 『삼국사기』 「백제본기」에 개로왕과 문주왕의 아우이자 동성왕의 아버지로 나오는 곤지(昆支)를 가리킨다. 말다왕은 동성왕이다.

그런데 위에서 보았듯이 무령왕릉 지석에는 무령왕이 62세를 일기로 서기 523년에 죽었다고 적혀 있다. 그는 23년간 재위하였으므로, 그가 즉위할 당시의 나이는 40세였고, 태어난 해는 개로왕 8년(462)인 셈이다. 그러므로 무령왕은 절대 동성왕(479~501)의 아들이 될 수 없다. 그런데도 『삼국사기』는 무령왕을 동성왕의 둘째아들이라고 적어 놓았으니, 왕실 계보를 덮어놓고 믿어서는 곤란하다.

2) 역사적 사건 및 상황에 관한 문제

『삼국사기』「백제본기」에는 부여에서 내려온 온조가 홍가(鴻嘉) 3년 곧 서기전 18년에 백제를 세웠다는 기록이 있다. 백제가 서기전 1세기 말엽에 건국되었다는 것인데, 여러 모로 입증하기 어려운 기록이다. 특히, 근래 비약적으로 발전한 고고학계의 연구 성과를 감안하면 더욱 그렇다.

지금까지 조사된 유적을 종합해보면, 서기전 3세기 무렵부터 한반도의 중·남부지역에서는 기존의 청동기문화에 비해 더욱 정교해진 세형동검문화가 번창하였다. 또한, 이 무렵 철기문화의 요소도 서서히 나타나기 시작하므로 한국의 고고학자들은 서기전 3~1세기를 초기철기시대(初期鐵器時代)라고 부른다. 이 시기에는 대체로 의례 혹은 샤머니즘과 관련한 문화요소가 많아 정치 권력의 존재를 뚜렷이 느낄 수 있다.

그런데 충청·호남·영남지역에서는 정치 권력과 관련한 백제의 유적·유물을 쉽게 찾을 수 있으나, 어찌된 일인지 경기지역에서는 찾기 어렵다. 특히, 한강유역에서 발견된 유적은 상대적으로 매우 낙후한 수준이어서 낙동강유역이나 충남지역의 세형동검문화와 비교할 때 힘의 공백지대라고 표현하기도 한다. 이러한 현상은 기원 전후한 무렵까지 이어져서, 적어도 지금까지의 유적 조사 결과를 종합하면, 한강유역에서 국가(state)에 해당하는 정치집단이 활동했다고 보기 어렵다.

한강유역에서 정치력을 가진 집단이 출현한 것은 서력 기원 이후의 철기시대이다. 대표적인 유적으로서 가평 마장리, 양평 대심리, 춘천 중도의 주거지를 꼽을 수 있다. 마장리에서는 둥근 모양의 화덕자리에서 흙으로 만든 송풍관 조각과 쇳물찌꺼기가 수습되었다. 대심리에서는 쇠도끼·쇠화살촉·손칼·쇳물찌꺼기를 발견하였다. 그리고 중도에서는 쇠화살촉이 출토되었다. 마장리와 대심리에서 송풍관(화로에 바람을 넣는 기구)이나 쇳물찌꺼기가 발견된 것은 그곳에서 철기가 생산·가공되었기 때문이다. 또, 중도유적에 부뚜막 내지 굴뚝 흔적이 있고, 근처에는 각종 철기를 부장한 적석총유적이 분포한다는 점도 철기 생산 능력을 암시한다.

이들 유적이 처음 형성된 시기는 마장리유적의 화로에서 발견된 숯의 방사성 탄소연대가 1700±250 B.P.로 나타난 바 있어 일단 서기 200년경으로 추정할 수 있다. 대심리유적도 대체로 서기 1~2세기경에 만들어진 유적으로 보인다. 중도유적도 1~2세기로 편년된다. 이처럼 한강 중·상류지역에서 확인되는 철기문화는 대략 서기 2세기를 전후한 무렵에 형성된 것이다.

한강유역에 분포한 철기시대의 무덤도 거의 같은 양상을 보여준다. 가령 춘천 중도, 양평 문호리, 제천 양평리·도화리 등지에 분포한 이른바 적석총 혹은 적석토축묘(積石土築墓)는 대체로 2~3세기에 조영된 것이다. 이들은 모두 그 지역의 주도적인 정치집단이 남긴 무덤으로 보인다. 다만, 여기에 묻힌 사람이 종족 계통상 어디에 속했는지는 아직 분명하게 말할 수 없는 형편이다.

지금의 서울 풍납동에서도 철기시대 주거지가 발견되었다. 그 속에서 수습한 토기는 대체로 위의 유적들과 비슷했으며, 수령보정(樹齡補正) 탄소측정연대도 서기 265년이어서 큰 차이가 없다. 이는 한강 하류지역에서도 대체로 2~3세기경에야 비로소 정치집단이 출현했다는 뜻이 된다.

그런데 최근 풍납토성(風納土城)과 그 내부를 조사하면서 다른 해석이 제기되었다. 정치집단이 출현한 시기가 더 올라간다는 것이다. 1998년경부터 국립문화재연구소는 풍납토성 내부에서 모를 죽인 네모난 주거지[抹角方形住居址]와 육각형 주거지, 기와를 사용한 주거지 등의 생활유구를 조사하였다. 그리고 토기를 구운 가마와 세 겹의 환호(環濠)도 찾아냈다. 이들 중에서 가장 앞선 시기의 유적은 네모난 주거지와 세 겹의 환호이다. 발굴단은 두 유적이 서기전 1세기~서기 2세기경에 만들어졌다고 추정하였다. 그보다 조금 늦은 육각형 주거지는 대략 2~3세기, 나머지는 4~5세기경의 유적이라고 발표하였다. 즉, 기원 전후한 무렵에 모를 죽인 네모난 주거지에 살던 주민들이 환호를 건설하였고, 늦어도 2세기경에는 환호를 버리고 그 바깥에 풍납토성을 쌓았다는 것이다.

그러나 곧 다른 해석이 쏟아졌다. 1999년 9월~2000년 5월에 풍납토성 내부의 경당지구를 발굴한 한신대학교박물관은 1,200여 평의 범위 내에 속한 유구를 모두 3세기 후반~5세기 후반으로 편년하였다. 그리고 환호 내부에서 출토된 토기를 근거로 환호는 대략 3세기 전반~중엽에 폐기되었으며, 따라서 3세기 중엽 이후에야 풍납토성을 쌓았다는 주장이 제기되었다.

논란이 분분한 중에도 분명한 사실은 풍납토성이 세 겹의 환호를 대체하였다는 것이다. 즉, 환호를 방어시설로 이용하던 주민들이 환호 대신 토성을 쌓음으로써 새로운 형태의 방어체계를 구축하였다는 것이다. 그런데 환호를 폐기한 시기로는 3세기 중엽이 유력하다. 그렇다면 풍납토성은 3세기 이후에 축조한 셈이 된다. 풍납토성과 같은 구조물은 새로운 정치체제 곧 국가의 출현을 의미한다. 그러나 세 겹의 환호가 과연 국가 단계와 연결될 수 있을지는 의문이다. 결국, 백제사람들이 나라를 세운 한강 하류지역에서는 서기 2세기경까지 유력한 정치집단이 존재하지 않았을 개연성이 높은 것이다. 『삼국사기』 「백제본기」의 기록과 전혀 다른 시대상이다.

문헌자료 중에도 『삼국사기』와 시대상이 크게 다른 것이 있다. 3세기 말엽에 중국의 진수(陳壽)가 편찬한 『삼국지』이다. 『삼국지』에는 위(魏)나라 본기에 딸린 열전이 있는데, 그 중 하나가 동이전(東夷傳)이다. 동이전은 다시 부여(夫餘)·고구려(高句麗)·동옥저(東沃沮)·읍루(挹婁)·예(濊)·한(韓)·왜(倭) 등의 항목으로 나뉜다. 그런데 '한'에는 다음과 같은 기록이 있다.

한(韓)은 대방(帶方)의 남쪽에 있다. 동쪽과 서쪽이 바다로 막혀있으며 남쪽은 왜

(倭)와 접하는데, 사방 4천리 정도 된다. 세 종류가 있으니 첫째는 마한(馬韓), 둘째는 진한(辰韓), 셋째는 변한(弁韓)이다. 진한은 옛날의 진국(辰國)이다. 마한은 서쪽에 있다. 그 백성들은 토착생활을 하며 곡식을 심고 누에치기와 뽕나무를 가꿀 줄 알며 무명[綿布]을 만든다. 각각 우두머리가 있어서 세력이 큰 자는 스스로를 신지(臣智)라고 부르고, 그 다음은 읍차(邑借)라고 한다. 흩어져서 산과 바다 사이에 살며, 성곽은 없다. 원양국(爰襄國) · 모수국(牟水國) · 상외국(桑外國) · 소석색국(小石索國) · 대석색국(大石索國) · 우휴모탁국(優休牟涿國) · 신분고국(臣濆沽國) · 백제국(伯濟國) · 속로불사국(速盧不斯國) · 일화국(日華國) · 고탄자국(古誕者國) · 고리국(古離國) · 노람국(怒藍國) · 월지국(月支國) · 자리모로국(咨離牟盧國) · 소위건국(素謂乾國) · 고원국(古爰國) · 막로국(莫盧國) · 비리국(卑離國) · 고비리국(古卑離國) · 신흔국(臣釁國) · 지침국(支侵國) · 구로국(狗盧國) · 비미국(卑彌國) · 감해비리국(監奚卑離國) · 고포국(古蒲國) · 치리국국(致利鞠國) · 염로국(冉路國) · 아림국(兒林國) · 사로국(駟盧國) · 내비리국(內卑離國) · 감해국(感奚國) · 만로국(萬盧國) · 벽비리국(辟卑離國) · 구사오단국(臼斯烏旦國) · 일리국(一離國) · 불미국(不彌國) · 지반국(支半國) · 구소국(狗素國) · 첩로국(捷盧國) · 모로비리국(牟盧卑離國) · 신소도국(臣蘇塗國) · 막로국(莫盧國) · 고랍국(古臘國) · 임소반국(臨素半國) · 신운신국(臣雲新國) · 여래비리국(如來卑離國) · 초산도비리국(楚山塗卑離國) · 일난국(一難國) · 구해국(狗奚國) · 불운국(不雲國) · 불사분야국(不斯濆邪國) · 원지국(爰池國) · 건마국(乾馬國) · 초리국(楚離國) 등 모두 50여 국이 있다. 큰 나라는 만여 가(家)이고 작은 나라는 수천 가(家)니, 모두 합쳐 십여만 호(戶)이다. 진왕(辰王)은 월지국을 다스린다. (이하 생략)

『삼국지』 동이전은 대체로 3세기 초·중엽의 상황을 적은 것으로 알려진다. 그런데 위에 열거한 마한 50여 국 가운데 8번째에 백제국(伯濟國)이 있다. 백제(百濟)와 한자가 조금 다르다. 백(伯)은 '맏이', '우두머리'를 의미한다. '모두'를 의미하는 백(百)에 비해 어딘가 세련되지 못하다. 그러면서도 한자의 음은 같다. 백제(伯濟)에서 백제(百濟)로 글자만 바꾸었던 것이다.

『삼국사기』「백제본기」에는 나라 이름이 원래 십제(十濟)였다고 나온다. '10에서 100으로' 커졌다는 것인데, 다분히 조작의 이미지가 묻어난다. 사람 이름이건 나라 이름이건 이미지 조작은 그리 어렵거나 특별한 일이 못된다. 후대의 역사서인 『수서(隋書)』「동이전」에는 "1백 집(많은 사람)이 바다를 건너와서" 나라를 세웠으므로 백제라고 부르게 됐노라고 적혀 있다. 과학적이지 못한 이름 해석은 으레 이런 식이다. 이에 비한다면 伯濟→百濟는 합리적으로 이해할 수 있는 변화이다.

그런데 마한의 50여 국 중 '큰 나라는 만여 가(家)이고 작은 나라는 수천 가'라고 하였다. 진왕이 다스리는 월지국 같은 나라는 큰 나라였겠지만, 별다른 특징 없이 여덟 번째로 거명된 백제국도 큰 나라였는지는 자신할 수 없다. 고대의 중국 기록을 검토해보면 한 집안[家]이 보통 4~5명으로 구성되므로, 마한 큰 나라의 인구는 대략 5만 명 안팎, 작은 나라의 인구는 대략 2~3만 명 정도인 셈이다. 영토는 지금의 1개 시·군 크기로 추정된다. 이 정도 크기의 나라를 한국 역사학계에서는 성읍국가(城邑國家) 혹은 읍락국가(邑落國家)라고 부른다. 적어도 3세기 초엽까지 백제는 성읍국가 단계를 벗어나지 못한 것이다.

한편, 『삼국사기』에는 백제가 처음부터 거대한 규모의 영역국가(領域國家)로 나온다. 온조왕 13년(B.C. 6)에 이미 북쪽으로 패하(浿河)[지금의 대동강 혹은 예성강], 동쪽으로 주양(走壤)[지금의 춘천], 남쪽으로 웅천(熊川)[지금의 금강 혹은 안성천]에 닿을 정도였다고 한다. 아무리 적게 잡아도 지금의 경기도 전체와 강원도 일부를 소유한 셈이다. 나라를 세운지 13년 만에 이처럼 넓은 땅을 소유했다는 것은 아무래도 믿어지지 않는다. 온조 집단은 기마(騎馬)집단이기에 빠른 속도로 정복하고 정착했다며 애써 믿어주려는 학자도 있긴 하다. 그러나 온조왕 13년에 도읍을 옮기고 강역을 확정하였으며, 온조왕 27년에 마한을 모두 병탄하였다는 대목에 이르면 도저히 그대로 믿어주기 어려워진다. 문제는 여기에서 그치지 않는다.

온조왕 34년(A.D. 16)조에는 우곡성(牛谷城)에서 "마한의 옛 장수 주근(周勤)이 반란을 일으켰다"는 기사가 있다. 그러나 우곡성은 그로부터 40년 뒤인 다루왕 29년(A.D. 56)에 쌓았다는 성이다. 다루왕 6년 조에는 "남쪽의 주(州)와 군(郡)에 명령을 내려 처음으로 벼농사를 짓게 하였다"는 기사가 있다. 그러나 주·군은 삼국시대 후반기에나 설치되었던 중국식의 행정조직이다. 초고왕 39년(204)에는 신라가 사현성(沙峴城)을 공격해왔다는 기사가 있다. 하지만 같은 책에서 사현성은 분명 동성왕 12년(490)에 쌓은 성이다. 고이왕 27년(260)에는 16관등과 6좌평을 설치했다는 기사가 있다. 그러나 다른 책들의 기록과 이후의 정황을 참작하면 그로부터 수백 년 뒤에 완비된 제도임이 분명하다. 이처럼 『삼국사기』 「백제본기」에는 믿기 어려운 기사가 있다. 주로 초기의 기사들이다.

『삼국사기』「백제본기」를 어떻게 대해야 하는가?

지금까지 살펴보았듯이 『삼국사기』는 신라 중심의 역사서이다. 여기에는 편찬을 주도한 김부식이 경주 출신이라는 점도 작용했겠지만, 무엇보다 가장 큰 이유는 고려왕조가 사실상 통일신라를 평화적으로 계승하였다는 데 있을 것이다. 그렇다 보니 백제의 역사는 자연스럽게 홀대를 받았다.

오랫동안 치열하게 경쟁하는 사이에 백제와 신라는 어느덧 서로를 미워하게 되었다. 특히, 서기 642년에 백제군이 신라의 대야성(大耶城)을 함락하고 김춘추(金春秋)의 딸 고타소랑(古陀炤娘)과 사위 품석(品釋)을 잡아 죽인 뒤로는 도저히 함께 할 수 없는 원수가 돼버렸다. 그리하여 서기 660년 가을 7월 13일(음력) 백제 의자왕의 아들 융(隆)이 사비성에서 나와 항복하자 신라의 왕자 법민(法敏=문무왕)이 융을 말 앞에 꿇어앉히고 얼굴에 침을 뱉으며 "예전에 너의 아비가 나의 누이를 억울하게 죽여 감옥 안에 묻은 적이 있다. 그 때문에 나는 20년 동안 마음이 아프고 골치를 앓았는데, 오늘 너의 목숨이 내 손안에 있구나!"라고 말했을 정도이다. 나중에 의자왕이 항복하자 김법민은 일부러 모두가 보는 앞에서 술시중을 들게 해 의자왕을 모욕하였다.

백제에 대한 신라 왕실의 원한과 미움이 백제가 멸망함으로써 모두 깨끗이 사라졌다고 보기는 어렵다. 그렇기에 백제의 역사와 문화를 소중히 여기는 마음도 없었을 것이다. 더욱이 서기 663년까지 백제 사람들은 끊임없이 부흥운동을 벌였고, 그것마저 여의치 않자 많은 사람이 일본열도로 피신하였다. 여러 모로 백제의 역사에 관한 자료가 통일신라에서 제대로 보전되기 어려운 상황이었다.

그나마 남은 자료도 제대로 정리되지 못했다. 백제를 미워하고 업신여기던 마음 때문에 체계적인 자료 수집은 기대하기 어려웠으며, 내용도 신라를 중심으로 백제를 폄하하는 경향을 띠었다. 결과물은 고려왕조로 전해졌다. 다행히 고려왕조는 고구려와 신라를 모두 계승한다는 의식으로 인해 삼국시대에 대한 편견이 적었지만, 자료 제약을 벗어날 수는 없었다. 『삼국사기』에서 귀수왕(貴須王; 貴首王)을 구수왕(仇首王)으로 적고, 아화왕(阿花王; 阿華王)을 아신왕(阿莘王)으로 바꿔 적은 데에는 이런 사정이 작용했을 것이다.

『삼국사기』가 편찬된 해는 서기 1145년이다. 백제가 망한 지 500년 가까이 지난 시점이다. 백제가 건국한 해로부터 따지면 『삼국사기』가 편찬되기까지 무려 1150년도 넘는 세월의 강이 흘렀다. 사정이 이쯤 되면 비록 관련 자료가 많다 해도 역사가가 당시의 상황을 정확하게 재구성하기란 쉽지 않다. 역사가가 아무리 세심한 주의를 기울여도 500년이 넘는 세월의 강을 건너는 사이 달라진 시대상황을 완벽하게 알아내고 실감할 수는 없기 때문이다. 당장 지금의 우리만 해도 그토록 많은 자료를 갖고 있건만 불과 수백 년 전의 조선시대 분위기를 상세히 복원하지는 못한다.

그런데 『삼국사기』는 마치 실록과 같은 기재방식을 따르고 있다. 마치 역사가가 타임머신을 타고 가서 방금 벌어진 사건을 묘사하는 방식이다. 그렇기에 읽는 사람은 짧은 글에서도 생동감을 느낀다. 그러나 그것은 읽는 사람들이 머릿속으로 그려낸 자기 나름의 생동감이다. 고려시대의 역사가가 각종 자료를 이리저리 꿰맞추어 재구성한 기록에 의지한 생동감이다. 김부식을 비롯한 당시의 사관들은 500년 혹은 1,000년 전의 사건을 어찌 이리도 담백하고 명쾌하게 기록할 수 있었을까? 그들은 또 얼마나 정확한 자료를 가지고 있었기에 이처럼 당당할 수 있을까? 정확한 연대기(年代記) 혹은 연표(年表)를 가졌던 것일까? 의문이 꼬리를 문다.

『삼국사기』 편찬이 끝나자 김부식은 자신에 차 있었다. 비록 왕에게는 "볼만한 것이 없어서 부끄러울 뿐"이라면서 "(서고에) 길이 간직할 만한 책은 못되더라도 장 단지에 바르는 데에 쓰지 않기를 바란다"고 한껏 겸손하였지만, "옛 기록은 표현이 거칠고 졸렬하며 사건 기록이 빠진 것이 있어" 교훈을 못 준다는 비판을 통해 은근히 『삼국사기』가 "일관된 역사를 이루어 만대에 전해질" 책인 듯 자부하였다(삼국사기를 바치는 글[進三國史記表] 참조). 왕의 입을 빌린 그의 글에서는 기존의 국내 사서를 무시하는 태도가 느껴진다. 문장이 세련되지 못하기 때문만은 아니다. 사건 기록이 충실하지 않다는 점도 큰 이유였다. 고려 전기에는 이미 삼국시대 관련 자료가 매우 부실했던 것이다.

아무리 글 솜씨가 뛰어난 김부식일지라도 자료 부족은 어찌할 수 없는 법이다. 국내의 단편적인 기록을 이리저리 맞대어보고 중국의 각종 역사서에서 관련 사실을 채용하는 등 나름대로 노력하였지만 자료는 턱없이 부족하였다. 바야흐로 백제의 성장이 눈부시던 근초고왕 때 근초고왕 3년부터 20년까지의 기록이 뭉텅 잘려나가 공백으로 남은 것은 그 때문이다. 개로왕은 도성을 웅장한 모습으로 고쳐 쌓고 궁궐을 새로 지었으며 왕실 묘역을 새로 단장하였다. 이 모든 일은 그만큼 왕의 권력이 강하고 국가의 역량이 뒷받침되었기에 가능하였다. 그러나 「백제본기」에서 개로왕 때는 북위(北魏)에 보낸 편지와 고구려의 침공에 힘없이 무너지던 모습만 남아있다.

결국, 『삼국사기』「백제본기」에 실린 기록은 백제에서 일어난 사건의 일부에 불과하다. 그나마도 몇 군데는 나중에 의도적으로 심하게 뒤틀렸다. 또, 사건이 일어난 뒤 너무 많은 시간이 흐른 탓에 연대가 불확실한 부분도 있다. 이런 점들을 우선 인식해야 한다.

『삼국사기』의 전체 목차

3. 「신라본기」 제3.
　- 나물(奈勿)이사금
　- 실성(實聖)이사금
　- 눌지(訥祗)마립간(麻立干)
　- 자비(慈悲)마립간
　- 소지(炤知)마립간

4. 「신라본기」 제4.
　- 지증(智證)마립간
　- 법흥왕(法興王)
　- 진흥왕(眞興王)
　- 진지왕(眞智王)
　- 진평왕(眞平王)

5. 「신라본기」 제5.
　- 선덕왕(善德王)
　- 진덕왕(眞德王)
　- 태종무열왕(太宗武烈王)

6. 「신라본기」 제6.
　- 문무왕(文武王) 상

- 민애왕(閔哀王)
- 신무왕(神武王)

11. 「신라본기」 제11.
- 문성왕(文聖王)
- 헌안왕(憲安王)
- 경문왕(景文王)
- 헌강왕(憲康王)
- 정강왕(定康王)
- 진성왕(眞聖王)

12. 「신라본기」 제12.
- 효공왕(孝恭王)
- 신덕왕(神德王)
- 경명왕(景明王)
- 경애왕(景哀王)
- 경순왕(敬順王)

13. 「고구려본기(高句麗本紀)」 제1.
- 시조 동명성왕(東明聖王)
- 유리명왕(琉璃明王)

14. 「고구려본기」 제2.
 - 대무신왕(大武神王)
 - 민중왕(閔中王)
 - 모본왕(慕本王)

15. 「고구려본기」 제3.
 - 태조대왕(太祖大王)
 - 차대왕(次大王)

16. 「고구려본기」 제4.
 - 신대왕(新大王)
 - 고국천왕(故國川王)
 - 산상왕(山上王)

17. 「고구려본기」 제5.
 - 동천왕(東川王)
 - 중천왕(中川王)
 - 서천왕(西川王)
 - 봉상왕(烽上王)
 - 미천왕(美川王)

18.「고구려본기」제6.
 - 고국원왕(故國原王)
 - 소수림왕(小獸林王)
 - 고국양왕(故國壤王)
 - 광개토왕(廣開土王)
 - 장수왕(長壽王)

19.「고구려본기」제7.
 - 문자명왕(文咨明王)
 - 안장왕(安臧王)
 - 안원왕(安原王)
 - 양원왕(陽原王)
 - 평원왕(平原王)

20.「고구려본기」제8.
 - 영양왕(嬰陽王)
 - 영류왕(榮留王)

21.「고구려본기」제9.
 - 보장왕(寶臧王) 상

22. 「고구려본기」 제10.
  - 보장왕(寶臧王) 하

23. 「백제본기(百濟本紀)」 제1.
  - 시조 온조왕(溫祚王)
  - 다루왕(多婁王)
  - 기루왕(己婁王)
  - 개루왕(蓋婁王)
  - 초고왕(肖古王)

24. 「백제본기」 제2.
  - 구수왕(仇首王)
  - 사반왕(沙伴王)
  - 고이왕(古尒王)
  - 책계왕(責稽王)
  - 분서왕(汾西王)
  - 비류왕(比流王)
  - 계왕(契王)
  - 근초고왕(近肖古王)
  - 근구수왕(近仇首王)
  - 침류왕(枕流王)

25. 「백제본기」제3.
    - 진사왕(辰斯王)
    - 아신왕(阿莘王)
    - 전지왕(腆支王)
    - 구이신왕(久尒辛王)
    - 비유왕(毗有王)
    - 개로왕(蓋鹵王)

26. 「백제본기」제4.
    - 문주왕(文周王)
    - 삼근왕(三斤王)
    - 동성왕(東城王)
    - 무령왕(武寧王)
    - 성왕(聖王)

27. 「백제본기」제5.
    - 위덕왕(威德王)
    - 혜왕(惠王)
    - 법왕(法王)
    - 무왕(武王)

42. 「열전」 제2.
    - 김유신 (중)

43. 「열전」 제3.
    - 김유신 (하)

44. 「열전」 제4.
    - 을지문덕(乙支文德)
    - 거칠부(居柒夫)
    - 거도(居道)
    - 이사부(異斯夫)
    - 김인문(金仁問)
    - 김양(金陽)
    - 흑치상지(黑齒常之)
    - 장보고(張保皐) · 정년(鄭年)
    - 사다함(斯多含)

45. 「열전」 제5.
    - 을파소(乙巴素)
    - 김후직(金后稷)
    - 녹진(祿眞)

- 밀우(密友)·유유(紐由)
- 명림답부(明臨荅夫)
- 석우로(昔于老)
- 박제상(朴堤上)
- 귀산(貴山)
- 온달(溫達)

46. 「열전」 제6.
- 강수(强首)
- 최치원(崔致遠)
- 설총(薛聰)

47. 「열전」 제7.
- 해론(奚論)
- 소나(素那)
- 취도(驟徒)
- 눌최(訥催)
- 설계두(薛罽頭)
- 김영윤(金令胤)
- 관창(官昌)
- 김흠운(金歆運)

- 열기(裂起)
- 비령자(丕寧子)
- 죽죽(竹竹)
- 필부(匹夫)
- 계백(階伯)

48. 「열전」제8.
- 향덕(向德)
- 성각(聖覺)
- 실혜(實兮)
- 물계자(勿稽子)
- 백결선생(百結先生)
- 검군(劍君)
- 김생(金生)
- 솔거(率居)
- 효녀 지은(知恩)
- 설씨녀(薛氏女)
- 도미(都彌)

49. 「열전」제9.
- 창조리(倉助利)

『삼국사기』 제23권 「백제본기」 제1권

1. 시조 온조왕(溫祚王)

백제의 시조는 온조왕이다. 그의 아버지는 추모(鄒牟)이며, 주몽(朱蒙)이라고도 한다. 주몽이 북부여로부터 난을 피해 졸본부여(卒本扶餘)에 이르렀다. 그때 졸본부여의 왕에게는 아들이 없고 단지 딸만 셋이 있었다. 주몽을 보더니 보통 사람이 아님을 알고 둘째 딸을 아내로 삼게 하였다. 얼마 지나지 않아 부여의 왕이 죽자 주몽이 왕위를 이었다. 두 아들을 낳았는데, 맏아들이 비류(沸流)이며 둘째 아들이 온조(溫祚)이다【혹은 '주몽이 졸본에 이르러 월군(越郡)의 딸에게 장가들어 두 아들을 낳았다'고도 한다】.

주몽이 북부여에 있을 때 낳은 아들이 와서 태자가 되매, 비류와 온조는 태자에게 용납되지 못할까 두려워하다가 마침내 오간(烏干)·마려(馬黎) 등 10명의 신하와 함께 남쪽으로 가니 백성 가운데 따르는 자가 많았다. 드디어 한산(漢山)에 이르러 부아악(負兒嶽)에 올라 살만한 땅을

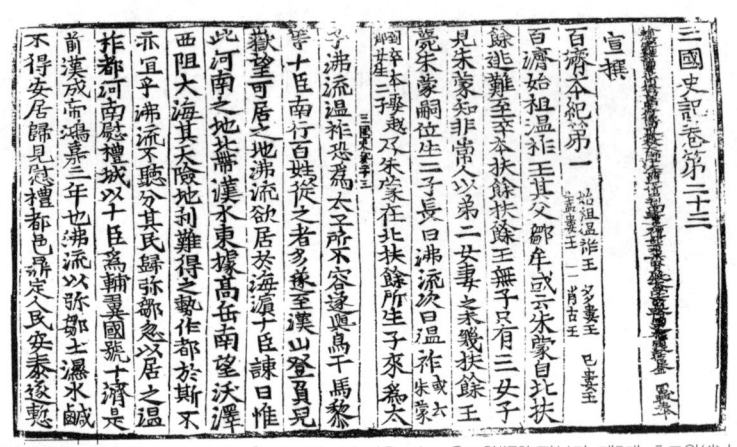

『삼국사기』「백제본기」의 첫 장. 「백제본기」 제1권은 시조 온조왕(溫祚王)부터 제5대 초고왕(肖古王) 때까지의 사건을 적었다.

바라보았다. 비류가 바닷가에서 살고 싶다고 하니 10명의 신하가 간하였다. "생각하건대 이 강 남쪽의 땅은 북쪽으로 한수(漢水)를 끼고, 동쪽으로 높은 산악에 의지하며, 남쪽으로 기름진 들을 바라보고, 서쪽으로 큰 바다에 막혀 있으니, 그 천혜의 험준함과 땅의 이로움은 좀체 얻기 어려운 형세입니다. 이곳에 도읍을 만드는 것이 좋지 않겠습니까?"

비류는 말을 듣지 않고 그 백성을 나누어 미추홀(彌鄒忽)로 가서 살았다. 온조는 강 남쪽의 위례성[河南慰禮城]에 도읍하고 10명의 신하를 보좌로 삼았으며, 나라 이름을 십제(十濟)라고 하였다. 이때가 전한(前漢) 성제(成帝)의 홍가(鴻嘉) 3년(기원전 18년)이다.

비류는 미추의 땅이 습하고 물이 짜서 편히 살 수 없는데, 위례성으

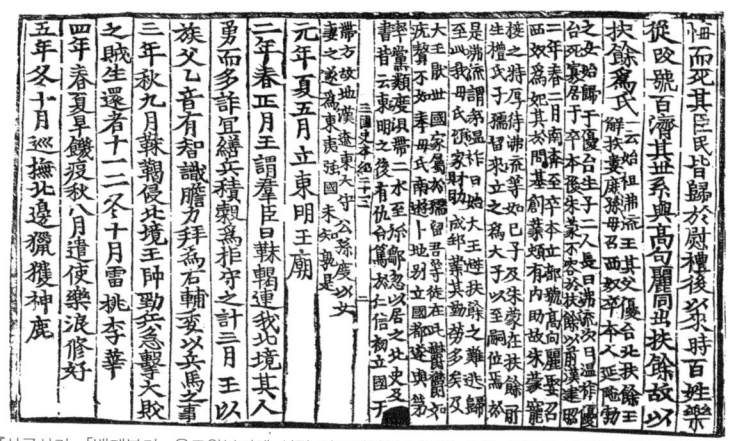

『삼국사기』「백제본기」 온조왕본기에 실린 건국설화의 마지막 부분. 말미에 백제를 세운 사람이 비류(沸流)였다는 이야기가 작은 글씨로 소개되어 있다.

로 돌아와 보니 도읍이 안정되고 백성들이 편안하였다. 마침내 부끄러워하고 후회하다 죽으니, 그 신하와 백성이 모두 위례성으로 돌아왔다. 나중에 백성들이 올 때 즐거이 따라왔다 하여 국호를 백제(百濟)로 바꾸었다. 그 세계(世系)가 고구려와 마찬가지로 부여에서 나왔으므로 부여(扶餘)를 성씨로 삼았다.

【한편, 이렇게도 말한다. '백제의 시조는 비류왕(沸流王)이다. 그의 아버지인 우태(優台)는 북부여의 왕인 해부루(解扶婁)의 서손(庶孫)이며, 어머니 소서노(召西奴)는 졸본 사람 연타발(延陁勃)의 딸이다. 소서노가 처음에 우태에게 시집가서 아들 둘을 낳으니, 맏이가 비류이고 그 다음이 온조이다. 우태가 죽자 졸본에서 과부로 홀로 살았다. 나중에 주몽

이 부여에서 용납되지 않자 전한(前漢) 건소(建昭) 2년(기원전 37년) 봄 2월에 남쪽으로 도망하여 졸본에 이르러 도읍을 세우고 나라 이름을 고구려라고 하였다. 소서노를 맞아 왕비로 삼았는데, 국가의 기틀을 열고 다지는 데에 자못 내조가 컸으므로 주몽이 총애하고 대접하기를 특히 두터이 하고 비류 등을 자기 아들처럼 대하였다. 주몽이 부여에 있을 때 낳은 예씨(禮氏)의 아들 유유(孺留)가 오자 그를 세워 태자로 삼았으며, 왕위를 잇기에 이르렀다. 이에 비류가 아우인 온조에게 말하였다. "처음에 대왕께서 부여의 난을 피해 이곳으로 도망해왔을 때 우리 어머니가 집안의 재산을 기울여 나라 세우는 일을 도우니, 그 애쓰고 노력함이 많았다. 그런데 대왕이 세상을 떠나시자 나라가 유유에게 속하게 되었으니 우리가 이곳에서는 한낱 혹과 같아서 답답할 뿐이다. 어머니를 모시고 남쪽으로 가서 땅을 택해 따로 나라와 도읍을 세우는 것만 같지 못하다." 드디어 아우와 함께 무리를 이끌고 패수(浿水)와 대수(帶水) 두 강을 건너 미추홀에 이르러 살았다.'

북사(北史)와 수서(隋書)에서는 모두 이렇게 말하였다. '동명(東明)의 후손으로서 구태(仇台)라는 사람이 있었는데, 매우 어질고 믿음직하였다. 처음에 나라를 대방(帶方)의 옛 땅에 세우니 한(漢)나라의 요동태수(遼東太守) 공손도(公孫度)가 딸을 아내로 삼게 하였다. 마침내 동이(東夷)의 강한 나라가 되었다.' 어느 쪽이 옳은지 모르겠다.】

원년(癸卯, 서기전 18) 여름 5월에 동명왕묘(東明王廟)를 세웠다.

2년(甲辰, 서기전 17) 봄 정월에 왕이 여러 신하에게 말하였다. "말갈

(靺鞨)이 우리 북쪽 경계에 연접해 있다. 그 사람들은 용감하며 잘 속이니 마땅히 병장기를 수선하고 곡식을 저축하여 막아 지킬 계획을 세워야 한다."

3월에 왕이 재종숙부[族父]인 을음(乙音)은 지식과 담력이 있다고 하여 그에게 벼슬을 주어 우보(右輔)로 삼고 군사에 관한 업무를 맡겼다.

3년(乙巳, 서기전 16) 가을 9월에 말갈이 북쪽 경계를 넘어 쳐들어왔다. 왕이 군센 병사를 이끌고나가 급히 쳐서 크게 이겼다. 적은 살아서 돌아간 자가 열에 한둘이었다. 겨울 10월에 우레가 쳤고, 복숭아꽃과 오얏나무에 꽃이 피었다.

4년(丙午, 서기전 15) 봄과 여름에 가물어 기근이 들고 전염병이 돌았다. 가을 8월에 사신을 낙랑(樂浪)으로 보내 우호를 닦았다.

5년(丁未, 서기전 14) 겨울 10월에 북쪽 변경을 돌아다니면서 백성들을 위로하고 사냥하다가 신령스러운 사슴(神鹿)을 잡았다.

6년(戊申, 서기전 13) 가을 7월의 신미(辛未) 그믐날에 일식이 있었다.

8년(庚戌, 서기전 11) 봄 2월에 말갈 도적 3천 명이 와서 위례성(慰禮城)을 에워쌌다. 왕이 성문을 닫고 나가지 않았다. 열흘이 지나 적은 양식이 다 떨어지자 돌아갔다. 왕이 날쌘 군사를 골라 대부현(大斧峴)까지 쫓아가서 한 번 싸워 이겼다. 5백여 명을 죽이거나 사로잡았다.

가을 7월에 마수성(馬首城)을 쌓고 병산책(瓶山柵)을 세웠다. 낙랑태수(樂浪太守)가 사신을 보내 말하였다. "지난번 예를 갖추어 방문하고 우호를 맺어 뜻이 한 집안과 같았는데, 지금 우리 땅에 다가와 성과 목책을 만들고 세우니, 혹시 야금야금 먹으려는 꾀를 내는 것인가? 만약 옛날의 우호를 저버리지 않고 성을 허물고 목책을 부순다면 의심할 바가 없겠지만, 혹여 그렇게 하지 않는다면 한 번 싸워서 승부를 결정짓도록 합시다." 왕이 대답하였다. "중요한 곳에 방비시설을 만들어 나라를 지키는 것은 예나 지금이나 떳떳한 도리인데, 어찌 감히 이 때문에 화평과 우호를 저버리겠는가? 마땅히 집사(執事)께서 의심할 바가 아닌 것 같소. 만약 집사께서 강함을 믿고 군사를 낸다면 우리나라도 또한 그에 대응할 따름이외다." 이때문에 낙랑과의 사이가 좋지 않게 되었다.

10년(壬子, 서기전 9) 가을 9월에 왕이 사냥을 나가서 신령스러운 사슴을 잡아 마한(馬韓)에 보냈다. 겨울 10월에 말갈이 북쪽 경계를 노략질하였다. 왕이 병사 2백 명을 보내 곤미천(昆彌川) 가에서 막아 싸우게 하였는데, 우리 군사가 지고 나서 청목산(靑木山)에 의지하며 스스로를 지켰다. 이렇게 되자 왕이 직접 정예 기병 1백 명을 이끌고 봉현(烽峴)으로 가서 구원하니 적들이 보고 곧 물러갔다.

11년(癸丑, 서기전 8) 여름 4월에 낙랑이 말갈을 시켜 병산책을 습격해 깨뜨리고 1백여 명을 죽이거나 사로잡았다. 가을 7월에 독산책(禿山柵)과 구천책(拘川柵) 두 목책을 세워 낙랑으로 통하는 길을 막았다.

13년(乙卯, 서기전 6) 봄 2월에 왕도(王都)에서 늙은 할멈이 남자로 변하고, 범 다섯 마리가 성안으로 들어왔다. 왕의 어머니가 돌아가셨는데, 나이는 61세였다.

여름 5월에 왕이 신하들에게 말하였다. "우리나라의 동쪽에는 낙랑이 있고, 북쪽에는 말갈이 있어 번갈아 우리 땅 경계를 침범하므로 편안한 날이 적다. 하물며 요사이 괴이한 일이 자주 나타나고 국모

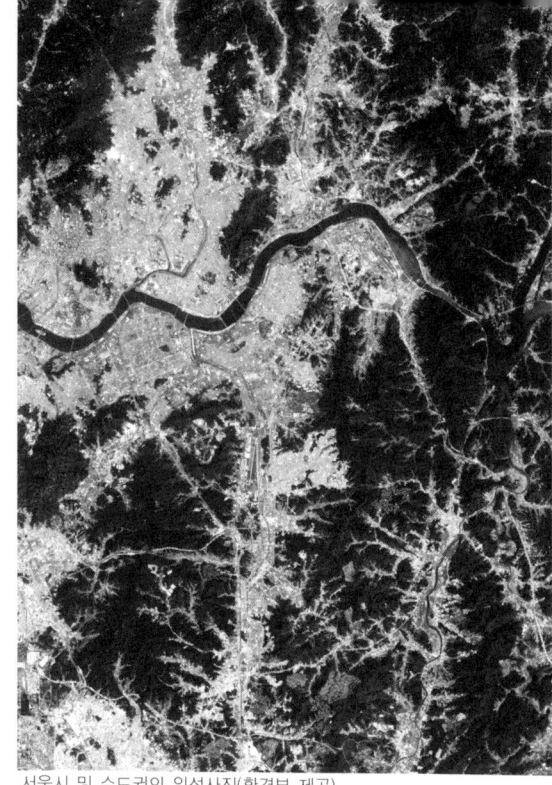

서울시 및 수도권의 위성사진(환경부 제공).

(國母)께서 돌아가셨다. 형세가 스스로 편안하지 않으니, 장차 꼭 나라를 옮겨야겠다. 내가 어제 나가 돌아다니며 한수(漢水) 남쪽을 보았는데 땅이 기름지더라. 마땅히 그곳에 도읍을 세워 길이 편안할 수 있는 계책을 꾀해야겠다."

가을 7월에 한산(漢山) 아래로 나아가 목책을 세우고 위례성의 민호(民戶)를 옮겼다.

8월에 사신을 마한에 보내 도읍을 옮긴다고 알렸다. 마침내 강역을 구획하고 정하였는데, 북쪽으로는 패하(浿河)에 이르고, 남쪽은 웅

서울시 송파구 일대를 동쪽의 남한산 방면에서 굽어본 모습(서울시 문화재과). 1988년 서울올림픽을 치르기 위해 송파구 방이동에 올림픽공원을 조성하던 무렵의 사진이다.

천(熊川)을 경계로 삼고, 서쪽은 큰 바다에 닿고, 동쪽으로는 주양(走壤)에 이르렀다.

9월에 성(城)과 궁궐을 세웠다.

14년(丙辰, 서기전 5) 봄 정월에 도읍을 옮겼다. 2월에 왕이 부락을 돌아다니며 위로하고 농사를 적극 장려하였다. 가을 7월에 한강 서북쪽에 성을 쌓고 한성(漢城) 주민을 그곳에 나누어 살게 하였다.

15년(丁巳, 서기전 4) 봄 정월에 새 궁실을 지었는데 검소하면서도 누추하지 않고 화려하면서도 사치스럽지 않았다.

17년(己未, 서기전 2) 봄에 낙랑이 쳐들어와서 위례성에 불을 질렀다.

서울시 송파구 일대를 남쪽에서 내려다본 모습(서울시 문화재과). 동쪽의 호수 2개가 석촌호수이다.

여름 4월에 사당[廟]을 세우고 국모(國母)에게 제사지냈다.

18년(庚申, 서기전 1) 겨울 10월에 말갈이 갑작스레 쳐들어왔다. 이에
왕은 군사를 이끌고 칠중하(七重河)에 나가 맞아 싸워서 추장 소모
(素牟)를 사로잡아 마한으로 보냈다. 그 나머지 도적은 모두 구덩이
에 묻어버렸다. 11월에 왕이 낙랑의 우두산성(牛頭山城)을 습격하려
고 구곡(臼谷)까지 갔다가 눈이 많이 내리자 돌아왔다.

20년(壬戌, 서기 2) 봄 2월에 왕이 큰 단(壇)을 설치하고 직접 하늘과
땅에 제사지냈는데, 이상한 새 다섯 마리가 날아왔다.

22년(甲子, 서기 4) 가을 8월에 석두성(石頭城)과 고목성(高木城) 두 성

을 쌓았다. 9월에 왕이 기병 1천 명을 이끌고 부현(斧峴) 동쪽에서 사냥하다가 말갈 도적을 만나 한 번 싸워 깨뜨리고 포로를 사로잡아 장수와 병사들에게 나누어주었다.

24년(丙寅, 서기 6) 가을 7월에 왕이 웅천책(熊川柵)을 세우자 마한 왕이 사신을 보내 나무라며 말하였다. "왕이 처음 강을 건너와서 발디딜 만한 곳도 없을 때 내가 동북쪽의 1백 리 땅을 떼어주어 편히 살게 하였으니 왕을 대우함이 두텁지 않았다고 할 수 없소. 마땅히 이에 보답하려고 생각해야 하건만, 이제 나라가 완성되고 백성들이 모여드니 '나에게 덤벼들 자가 없다'고 하면서 성(城)과 못[池]을 크게 짓고 우리 땅을 침범하니 그것이 과연 의리에 맞는 일인가?" 왕이 부끄러워하여 마침내 그 목책을 헐어버렸다.

25년(丁卯, 서기 7) 봄 2월에 왕궁의 우물물이 갑자기 넘치고, 한성(漢城)의 민가에서 말이 소를 낳았는데 머리 하나에 몸은 둘이었다. 점쟁이가 말하길 "우물물이 갑자기 넘친 것은 대왕께서 우뚝 일어날 조짐이요, 소의 머리가 하나고 몸이 둘인 것은 대왕께서 이웃나라를 병합할 징조입니다"라고 하였다. 왕이 듣고 기뻐하며 드디어 진한(辰韓)과 마한(馬韓)을 병탄하려고 마음먹었다.

26년(戊辰, 서기 8) 가을 7월에 왕이 말하길 "마한이 점점 약해지고 윗사람과 아랫사람의 마음이 갈리어 그 형세가 오래 갈 수 없을 것 같다. 만일 남에게 병합된다면 입술이 없어지자 이가 시린 격이 되어 후회하더라도 이미 늦을 것이다. 남보다 먼저 병합해 훗날의 어려움을 면하는 편이 더 낫겠다”고 하였다.

겨울 10월에 왕이 군사를 내어 겉으로는 사냥한다고 하면서 몰래 마한을 습격하여 마침내 그 국읍(國邑)을 병합하였다. 그러나 원산성(圓山城)과 금현성(錦峴城)만은 굳게 지키며 항복하지 않았다.

27년(己巳, 서기 9) 여름 4월에 두 성이 항복하였다. 그 백성을 한산(漢山) 북쪽으로 옮기니 마한이 마침내 망하였다.

가을 7월에 대두산성(大豆山城)을 쌓았다.

28년(庚午, 서기 10) 봄 2월에 맏아들 다루(多婁)를 태자로 삼고 중앙과 지방의 군사 업무를 맡겼다.

31년(癸酉, 서기 13) 봄 정월에 나라 안의 민가를 나누어 남부(南部)와 북부(北部)로 삼았다.

여름 4월에 우박이 내렸다. 5월에 지진이 일어났다. 6월에 또 지진이 일어났다.

33년(乙亥, 서기 15) 봄과 여름에 크게 가물었다. 백성들이 굶주려 서로 잡아먹고 도적이 크게 일어나니 왕이 어루만져 안정시켰다.

가을 8월에 동부(東部)와 서부(西部)를 더 두었다.

34년(丙子, 서기 16) 겨울 10월에 마한의 옛 장군 주근(周勤)이 우곡성(牛谷城)을 근거로 삼아 반란을 일으켰다. 왕이 직접 군사 5천 명을 이끌고 토벌하였다. 주근이 스스로 목매어 죽자 그 시체의 허리를 베고 그의 아내와 자식들도 아울러 죽였다.

36년(戊寅, 서기 18) 가을 7월에 탕정성(湯井城)을 쌓고 대두성(大豆

城)의 백성들을 나누어 살게 하였다.

8월에 원산성과 금현성을 수리하고 고사부리성(古沙夫里城)을 쌓
았다.

37년(己卯, 서기 19) 봄 3월에 우박이 내렸는데, 크기가 달걀만하여
까마귀나 참새 같은 작은 새들이 맞으면 죽었다.

여름 4월에 가물기 시작해 6월에 이르러서야 비가 내렸다. 한수(漢
水) 동쪽과 북쪽의 부락이 굶주려 고구려로 도망간 자들이 1천여 집
이나 되니 패수(浿水)와 대수(帶水) 사이가 텅 비어 사는 사람이 없
었다.

38년(庚辰, 서기 20) 봄 2월에 왕이 지방을 다니면서 백성을 위로하고
어루만지다가 동쪽으로 주양(走壤)에 이르렀으며 북쪽으로는 패하
(浿河)에 이르렀다가 50일만에 돌아왔다.

3월에 사람을 시켜 농사짓기와 누에치기를 권장하고 급하지 않은
일로 백성을 괴롭히는 일은 모두 없애 주었다.

겨울 10월에 왕이 큰 단을 쌓고 하늘과 땅에 제사지냈다.

40년(壬午, 서기 22) 가을 9월에 말갈이 술천성(述川城)을 공격해왔다.

겨울 11월에 말갈이 또 부현성(斧峴城)을 습격하여 10여 명을 죽이
고 약탈하니, 왕이 굳센 기병 2백 명에게 명하여 물리치게 하였다.

41년(癸未, 서기 23) 봄 정월에 우보 을음(乙音)이 죽자 북부의 해루
(解婁)를 우보로 삼았다. 해루는 본래 부여 사람으로서 식견이 깊
고, 나이가 70세를 넘었는데도 근력이 쇠하지 않았으므로 기용한

것이다.

2월에 한수 동쪽과 북쪽의 여러 부락 사람으로서 나이가 15세 이상 인 자를 징발하여 위례성(慰禮城)을 고쳐지었다.

43년(乙酉, 서기 25) 가을 8월에 왕이 아산(牙山)의 들판에서 5일 동안 사냥하였다.

9월에 크고 작은 기러기 1백여 마리가 왕궁에 모였다. 점쟁이가 말 하길 "기러기는 백성의 상징입니다. 장차 먼 데 있는 사람들이 투 항해 올 것입니다"라고 하였다.

겨울 10월에 남옥저(南沃沮)의 구파해(仇頗解) 등 20여 집이 부양(斧 壤)으로 와서 귀순하니 왕이 받아들이고 한산 서쪽에 안치하였다.

45년(丁亥, 서기 27) 봄과 여름에 크게 가물어서 풀과 나무가 타고 말 랐다.

겨울 10월에 지진이 일어나서 백성들의 집을 무너뜨렸다.

46년(戊子, 서기 28) 봄 2월에 왕이 죽었다.

2. 다루왕(多婁王)

온조왕의 맏아들이다. 도량이 넓고 위엄과 덕망이 있었다. 온조왕 재 위 28년에 태자가 되었으며, 46년에 왕이 죽자 왕위를 이었다.

2년(己丑, 서기 29) 봄 정월에 시조 동명묘(東明廟)에 배알하였다.

2월에 왕이 남단(南壇)에서 하늘과 땅에 제사지냈다.

3년(庚寅, 서기 30) 겨울 10월에 동부의 흘우(屹于)가 말갈과 마수산 (馬首山) 서쪽에서 싸워 이겼는데, 죽이고 사로잡은 자가 매우 많았다. 왕이 기뻐서 흘우에게 말 10필과 조(租) 500섬을 상으로 주었다.

4년(辛卯, 서기 31) 가을 8월에 고목성(高木城)의 곤우(昆優)가 말갈과 싸워 크게 이기고 2백여 명의 머리를 베었다.

9월에 왕이 횡악(橫岳) 아래에서 사냥하였는데, 한 쌍의 사슴을 연달아 맞히니 사람들이 감탄하며 찬미하였다.

6년(癸巳, 서기 33) 봄 정월에 맏아들 기루(己婁)를 세워 태자로 삼고 죄수들을 크게 사면하였다.

2월에 나라 남쪽의 주(州)·군(郡)에 명령을 내려 처음으로 논을 만들게 하였다.

7년(甲午, 서기 34) 봄 2월에 우보 해루가 죽으니 나이가 90세였다. 동부의 흘우를 우보로 삼았다.

여름 4월에 동방에 붉은 기운이 있었다.

가을 9월에 말갈이 마수성을 공격하여 함락시키고 불을 놓아 백성들의 집을 태웠다.

겨울 10월에 또 병산책(瓶山柵)을 습격하였다.

10년(丁酉, 서기 37) 겨울 10월에 우보 흘우를 좌보(左輔)로 삼고 북부의 진회(眞會)를 우보로 삼았다.

11월에 지진이 일어났는데 소리가 우레와 같았다.

11년(戊戌, 서기 38) 가을에 곡식이 익지 않았으므로 백성들이 사사로

이 술 빚는 것을 금하였다.

겨울 10월에 왕이 동부와 서부를 돌며 위로하였는데, 가난하여 제 힘으로 살 수 없는 자에게 한 사람 당 곡식 2섬씩 주었다.

21년(戊申, 서기 48) 봄 2월에 궁궐 안의 큰 홰나무가 저절로 말랐다.

3월에 좌보 흘우가 죽으니 왕이 슬피 울었다.

28년(乙卯, 서기 55) 봄과 여름에 가물었다. 죄수를 살펴 사형 죄도 용서하였다.

가을 8월에 말갈이 북쪽 변경을 침범하였다.

29년(丙辰, 서기 56) 봄 2월에 왕이 동부에 명하여 우곡성(牛谷城)을 쌓아 말갈에 대비케 하였다.

36년(癸亥, 서기 63) 겨울 10월에 왕이 영토를 넓혀 낭자곡성(娘子谷城)에 이르렀다. 이에 사신을 신라로 보내 만나자고 청하였으나 신라가 듣지 않았다.

37년(甲子, 서기 64) 왕이 군사를 보내 신라의 와산성(蛙山城)을 공격하였으나 이기지 못하였다. 군사를 옮겨 구양성(狗壤城)을 공격하였는데, 신라가 기병 2천 명을 일으켜 맞아 치므로 도망하였다.

39년(丙寅, 서기 66) 와산성을 공격하여 빼앗고 2백 명을 남겨두어 지켰는데, 얼마 안 있어 신라에게 패하였다.

43년(庚午, 서기 70) 군사를 보내 신라를 침범하였다.

46년(癸酉, 서기 73) 여름 5월의 그믐 무오(戊午) 날에 일식이 일어났다.

47년(甲戌, 서기 74) 가을 8월에 장군을 보내 신라를 침범하였다.

48년(乙亥, 서기 75) 겨울 10월에 또 와산성을 공격하여 빼앗았다.

49년(丙子, 서기 76) 가을 9월에 와산성이 신라에게 회복되었다.

50년(丁丑, 서기 77) 가을 9월에 왕이 죽었다.

3. 기루왕(己婁王)

다루왕의 맏아들이다. 뜻과 식견이 넓고 원대하여 사소한 일에 마음 쓰지 않았다. 다루왕의 재위 6년째에 태자가 되었고, 50년에 왕이 죽자 왕위를 이었다.

9년(乙酉, 서기 85) 봄 정월에 군사를 보내 신라의 변경을 침범하였다.

　여름 4월 을사(乙巳)날에 객성(客星)이 자미성(紫微星) 별자리로 들어갔다.

11년(丁亥, 서기 87) 가을 8월 그믐 을미(乙未) 날에 일식이 일어났다.

13년(己丑, 서기 89) 여름 6월에 지진이 일어나 백성들의 집을 무너뜨리니 죽은 자가 많았다.

14년(庚寅, 서기 90) 봄 3월에 크게 가물어 보리를 거두지 못했다.

　여름 6월에 바람이 세게 불어 나무가 뽑혔다.

16년(壬辰, 서기 92) 여름 6월 초하루 무술(戊戌) 날에 일식이 일어났다.

17년(癸巳, 서기 93) 가을 8월에 횡악(橫岳)의 큰 돌 5개가 동시에 떨어졌다.

21년(丁酉, 서기 97) 여름 4월에 용 두 마리가 한강(漢江)에 나타났다.

23년(己亥, 서기 99) 가을 8월에 서리가 내려 콩을 해쳤다.

겨울 10월에 우박이 내렸다.

27년(癸卯, 103) 왕이 한산에서 사냥하다가 신령스러운 사슴을 잡았다.

29년(乙巳, 105) 사신을 신라로 보내 화친을 청하였다.

31년(丁未, 107) 겨울에 얼음이 얼지 않았다.

32년(戊申, 108) 봄과 여름에 가물어 기근이 드니 백성들이 서로 잡아먹었다.

가을 7월에 말갈이 우곡(牛谷)에 들어와 백성들을 약탈하고 돌아갔다.

35년(辛亥, 111) 봄 3월에 지진이 일어났다.

겨울 10월에 또 지진이 일어났다.

37년(癸丑, 113) 사신을 신라로 보내 예방하였다.

40년(丙辰, 116) 여름 4월에 황새가 도성 문 위에 집을 지었다.

6월에 큰 비가 열흘이나 내려 한강 물이 넘쳐서 백성들의 집이 물에 떠내려가거나 허물어졌다.

가을 7월에 담당 관리에게 명하여 수해를 입은 밭을 보수토록 하였다.

49년(乙丑, 125) 신라가 말갈의 침략을 받자 글을 보내 군사 원조를 청하니 왕이 다섯 명의 장군을 보내 구원하였다.

52년(戊辰, 128) 겨울 11월에 왕이 죽었다.

4. 개루왕(蓋婁王)

기루왕의 아들이다. 성품이 공순하고 행실이 올발랐다. 기루가 재위 52년에 죽자 왕위에 올랐다.

4년(辛未, 131) 여름 4월에 왕이 한산에서 사냥하였다.

5년(壬申, 132) 봄 2월에 북한산성(北漢山城)을 쌓았다.

10년(丁丑, 137) 가을 8월 경자(庚子) 날에 형혹성(熒惑星)이 남두(南斗星) 별자리를 침범하였다.

28년(乙未, 155) 봄 정월 그믐 병신(丙申)날에 일식이 일어났다.

겨울 10월에 신라의 아찬 길선(吉宣)이 반란을 꾀하다가 일이 드러나자 도망해왔다. 신라왕이 글을 보내 길선을 돌려 보내줄 것을 요청하였으나 보내지 않았다. 신라왕이 노하여 군사를 내 쳐들어왔으나 여러 성이 굳게 지키기만 하고 나가지 않으니 신라 군사는 식량이 떨어져서야 돌아갔다.

사론(史論): 편찬자는 논하여 말한다. 춘추시대에 거복(莒僕)이 노(魯)나라로 도망해오자, 계문자(季文子)가 말하길 "자기 임금에게 예의 있는 자를 보면 마치 효자가 부모를 봉양하는 것처럼 섬기고, 자기 임금에게 무례한 자를 보면 마치 새매가 새를 쫓는 것처럼 죽이라 하였습니다. 거복을 보니 착한 데다 뜻을 두지 않고 나쁜 짓만 합니다. 그래서 쫓은 것입니다"라고 하였다. 지금 길선도 역시 간악한 역적인데 백제왕이 받아들이고 숨겨주니 이는 '역적을 비호하고 숨기는' 것이라고 하겠다. 이로 말미암아 이웃나라와의 화합을 잃고 백성들은 전쟁에 시달리게 하였으니 매우 현명하지 못하였다.

39년(丙午, 166) 왕이 죽었다.

5. 초고왕(肖古王)

【소고(素古)라고도 부른다】 개루왕의 아들이다. 개루왕이 재위 39년에 죽자 왕위를 물려받았다.

2년(丁未, 167) 가을 7월에 몰래 군사를 보내 신라의 서쪽 변경에 있는 두 성을 습격하여 깨뜨리고 남녀 1천 명을 사로잡아왔다.

8월에 신라의 왕이 일길찬(一吉湌) 홍선(興宣)을 보내 군사 2만 명을 거느리고 나라 동쪽의 여러 성으로 쳐들어왔다. 신라의 왕도 또한 직접 정예 기병 8천 명을 이끌고 뒤따랐는데, 순식간에 한수(漢水)까지 이르렀다. 왕은 신라 군사의 수가 많아 대적할 수 없다고 생각하여 앞서 빼앗은 것들을 돌려주었다.

5년(庚戌, 170) 봄 3월 그믐 병인(丙寅) 날에 일식이 일어났다.

겨울 10월에 군사를 내어 신라의 변경을 쳐들어갔다.

21년(丙寅, 186) 겨울 10월에 구름도 없이 우레가 치고, 살별(혜성)이 서북쪽에 나타났다가 20일만에 사라졌다.

22년(丁卯, 187) 여름 5월에 왕도(王都)의 우물과 한수(漢水)가 모두 말라버렸다.

23년(戊辰, 188) 봄 2월에 궁실을 손질하여 고쳤다. 군사를 내어 신라의 모산성(母山城)을 공격하였다.

24년(己巳, 189) 여름 4월 초하루 병오(丙午)날에 일식이 일어났다.

가을 7월에 우리 군사가 신라와 구양(狗壤)에서 싸워 졌는데, 죽은 자가 5백여 명이었다.

25년(庚午, 190) 가을 8월에 군사를 내어 신라의 서쪽 경계에 있는 원산향(圓山鄕)을 습격하고 나아가 부곡성(缶谷城)을 에워쌌다. 신라의 장군 구도(仇道)가 기마병 5백 명을 이끌고 막았는데, 우리 군사가 거짓으로 물러나자 구도가 추격하여 와산(蛙山)에 이르렀다. 우리 군사가 되돌아 쳐서 크게 이겼다.

26년(辛未, 191) 가을 9월에 치우기(蚩尤旗)가 각(角)과 항(亢) 별자리에 나타났다.

34년(己卯, 199) 가을 7월에 지진이 일어났다. 군사를 보내 신라의 변경을 쳐들어갔다.

39년(甲申, 204) 가을 7월에 군사를 내어 신라의 요거성(腰車城)을 공격해서 빼앗고 성주인 설부(薛夫)를 죽였다. 신라왕 나해(奈解)가 노하여 이벌찬(伊伐湌) 이음(利音)을 장군으로 삼아 6부의 정예 군사를 이끌고 우리 사현성(沙峴城)을 공격하게 하였다.

겨울 10월에 살별이 동정성(東井星) 별자리에 나타났다.

40년(乙酉, 205) 가을 7월에 금성[太白星]이 달을 범하였다.

43년(戊子, 208) 가을에 메뚜기가 나오고 날이 가물어 곡식이 잘 자라

지 못하였으며 도적이 많이 일어나니 왕이 어루만지고 안정시켰다.

44년(己丑, 209) 겨울 10월에 바람이 세게 불어 나무가 뽑혔다.

45년(庚寅, 210) 봄 2월에 적현성(赤峴城)과 사도성(沙道城)을 쌓고 동부의 민가를 옮겼다.

겨울 10월에 말갈(靺鞨)이 사도성을 공격해왔으나 이기지 못하자 성문을 불태우고 달아났다.

46년(辛卯, 211) 가을 8월에 나라 남쪽에서 메뚜기가 곡식을 해쳐 백성들이 굶주렸다.

겨울 11월에 얼음이 얼지 않았다.

47년(壬辰, 212) 여름 6월 그믐 경인(庚寅) 날에 일식이 일어났다.

48년(癸巳, 213) 가을 7월에 서부 사람 회회(茴會)가 흰 사슴을 잡아 바치니 왕이 상서롭다하여 곡식 1백 섬을 주었다.

49년(甲午, 214) 가을 9월에 북부의 진과(眞果)에게 명하여 군사 1천 명을 이끌고 말갈의 석문성(石門城)을 습격해 빼앗았다.

겨울 10월에 말갈이 굳센 기병으로 쳐들어와서 술천(述川, 이천)에 이르렀다. 왕이 죽었다.

『삼국사기』 제24권 「백제본기」 제2권

6. 구수왕(仇首王)

【귀수(貴須)라고도 부른다】 초고왕의 맏아들이다. 키가 7척(尺)이며 위엄과 거동이 빼어났다. 초고가 재위 49년에 죽자 왕위에 올랐다.

3년(丙申, 216) 가을 8월에 말갈이 와서 적현성(赤峴城)을 에워쌌다. 성주가 굳게 막으니 적이 물러나 돌아갔다. 왕이 굳센 기병 8백 명을 이끌고 뒤쫓아 가 사도성 아래에서 싸워 깨뜨렸는데, 죽이거나 사로잡은 자가 매우 많았다.

4년(丁酉, 217) 봄 2월에 사도성 옆에 2개의 목책을 설치하였는데 동서로 서로 떨어진 거리가 10리였다. 적현성의 군졸을 나누어 지키게 하였다.

5년(戊戌, 218) 왕이 군사를 보내 신라의 장산성(獐山城)을 에워쌌다. 신라왕이 직접 군사를 이끌고 치니 우리 군사가 졌다.

7년(庚子, 220) 겨울 10월에 왕성(王城)의 서문에 불이 났다. 말갈이 북쪽 변경을 노략질하므로 군사를 보내 물리쳤다.

8년(辛丑, 221) 여름 5월에 나라 동쪽지방에 홍수가 나서 산 40여 곳이 무너졌다.

6월 그믐 무진(戊辰)날에 일식이 일어났다.

가을 8월에 한수(漢水)의 서쪽에서 군대를 크게 사열하였다.

9년(壬寅, 222) 봄 2월에 담당 관리에게 명하여 제방을 수리하였다.

3월에 명령을 내려 농사를 권장하였다.

여름 6월에 왕도에 물고기가 비와 함께 떨어졌다.

겨울 10월에 군사를 보내 신라의 우두진(牛頭鎭)으로 들어가 민가를 약탈하였다. 신라의 장군 충훤(忠萱)이 군사 5천 명을 이끌고 웅곡(熊谷)에서 맞아 싸웠으나 크게 지는 바람에 혼자 말을 타고 도망쳤다.

11월 그믐 경신(庚申) 날에 일식이 일어났다.

11년(甲辰, 224) 가을 7월에 신라의 일길찬 연진(連珍)이 쳐들어왔다. 우리 군사가 봉산(烽山) 아래에서 맞아 싸웠으나 이기지 못하였다.

겨울 10월에 금성(太白星)이 낮에 나타났다.

14년(丁未, 227) 봄 3월에 우박이 내렸다.

여름 4월에 크게 가물었다. 왕이 동명묘(東明廟)에 가서 빌었더니 곧 비가 내렸다.

16년(己酉, 229) 겨울 10월에 왕이 한천(寒泉)에서 사냥하였다.

11월에 전염병이 크게 번졌다. 말갈이 우곡(牛谷) 경계에 들어와 사람과 재물을 약탈하였다. 왕이 정예 군사 3백 명을 보내 막았는데, 적의 복병이 양쪽에서 쳐서 우리 군사가 크게 졌다.

18년(辛亥, 231) 여름 4월에 우박이 내렸는데 크기가 밤[栗]만 해서 작은 새들이 맞으면 죽었다.

21년(甲寅, 234) 왕이 죽었다.

7. 사반왕(沙伴王) – 별도의 기사 없음

풍납토성 안에서 발견된 백제 집자리(국립문화재연구소). 맨 왼쪽이 97-2호 수혈주거지인데, 출입구와 반대편의 화덕자리, 그리고 기둥구멍이 뚜렷하다.

8. 고이왕(古爾王)

개루왕의 둘째 아들이다. 구수왕이 재위 21년 만에 죽고 맏아들 사반이 왕위를 이었으나 어려서 정치를 할 수 없었으므로 초고왕의 동복아우인 고이가 왕위에 올랐다.

3년(丙辰, 236) 겨울 10월에 왕이 서해의 큰 섬에서 사냥하였는데, 손수 40마리의 사슴을 쏘아 맞혔다.

5년(戊午, 238) 봄 정월에 하늘과 땅에 제사지낼 때 북과 피리를 사용하였다.

2월에 부산(釜山)에서 사냥하고 50일만에 돌아왔다.

여름 4월에 왕궁의 문기둥에 벼락이 쳤는데, 누런 용[黃龍]이 그 문에서 나와 날아갔다.

6년(己未, 239) 봄 정월에 비가 오지 않다가 여름 5월에 이르러서야 비가 왔다.

7년(庚申, 240) 군사를 보내 신라를 쳤다.

여름 4월에 진충(眞忠)을 좌장(左將)으로 삼고 중앙과 지방의 군사업무를 맡겼다.

가을 7월에 석천(石川)에서 크게 사열하였는데, 기러기 한 쌍이 냇가에서 날아오르자 왕이 활을 쏘아 모두 맞혔다.

9년(壬戌, 242) 봄 2월에 나라 사람들에게 명하여 남쪽 진펄(습지)을 개간하여 벼논으로 만들게 하였다.

여름 4월에 숙부 질(質)을 우보로 삼았다. 질(質)은 성품이 충직하고 굳세어 일을 꾀하면 실수가 없었다.

가을 7월에 서문(西門)으로 나가 활쏘기를 구경하였다.

10년(癸亥, 243) 봄 정월에 큰 단을 설치하고 하늘과 땅, 산과 내[川]에 제사지냈다.

13년(丙寅, 246) 여름에 크게 가물어 보리를 거두지 못했다.

가을 8월에 위(魏)나라의 유주자사(幽州刺史) 관구검(毌丘儉)이 낙랑태수 유무(劉茂)와 삭방(朔方)태수 왕준(王遵)과 함께 고구려를 쳤다. 왕이 빈틈을 타서 좌장 진충을 보내 낙랑의 변경 주민을 습격하여 빼앗으니 유무가 듣고 노하였다. 왕이 침략·토벌당할 것을 염려해 그 주민들을 돌려주었다.

14년(丁卯, 247) 봄 정월에 남쪽 제단에서 하늘과 땅에 제사지냈다.

2월에 진충을 우보로 삼고 진물(眞勿)을 좌장으로 삼아 군사 업무를 맡겼다.

15년(戊辰, 248) 봄과 여름에 가물어서 겨울에 백성들이 굶주리니 창고를 열어 가난한 백성을 도와주었다. 또, 1년간의 조세와 특산물 세금을 면제해주었다.

16년(己巳, 249) 봄 정월 갑오(甲午)날에 금성이 달을 침범하였다.

22년(乙亥, 255) 가을 9월에 군사를 내어 신라를 쳤다. 신라의 군사와 괴곡(槐谷) 서쪽에서 싸워 이기고 그 장수 익종(翊宗)을 죽였다.

겨울 10월에 군사를 보내 신라의 봉산성(烽山城)을 공격하였으나 이기지 못했다.

24년(丁丑, 257) 봄 정월에 크게 가물어 나무들이 모두 말랐다.

25년(戊寅, 258) 봄에 말갈 추장 나갈(羅渴)이 좋은 말 10필을 바쳤다.

왕이 심부름 온 자를 도탑게 위로하고 돌려보냈다.

26년(己卯, 259) 가을 9월에 푸른 자줏빛 구름이 궁궐 동쪽에서 일어났는데, 마치 누각(樓閣) 같았다.

27년(庚辰, 260) 봄 정월에 내신좌평(內臣佐平)을 두어 왕의 명령을 알리고 보고하는 일을 맡겼다. 내두좌평(內頭佐平)은 창고와 재정에 관한 일을 맡고, 내법좌평(內法佐平)은 예법과 의례에 관한 일을 맡고, 위사좌평(衛士佐平)은 왕과 궁궐을 지키는 군사 업무를 맡고, 조정좌평(朝廷佐平)은 형벌과 감옥에 관한 일을 맡고, 병관좌평(兵官佐平)은 대외 군사 업무를 맡았다. 또, 달솔(達率)·은솔(恩率)·덕솔(德率)·한솔(扞率)·나솔(奈率) 및 장덕(將德)·시덕(施德)·고덕(固德)·계덕(季德)·대덕(對德)·문독(文督)·무독(武督)·좌군(佐軍)·진무(振武)·극우(克虞)를 두었다. 6좌평은 모두 1품이고, 달솔은 2품, 은솔은 3품, 덕솔은 4품, 한솔은 5품, 나솔은 6품, 장덕은 7품, 시덕은 8품, 고덕은 9품, 계덕은 10품, 대덕은 11품, 문독은 12품, 무독은 13품, 좌군은 14품, 진무는 15품, 극우는 16품이다.

2월에 영을 내려 6품 이상은 자주색 옷을 입고 은꽃으로 관(冠)을 장식하며, 11품 이상은 다홍색 옷을 입고, 16품 이상은 푸른색 옷을 입게 하였다.

3월에 왕의 아우인 우수(優壽)를 내신좌평으로 삼았다.

28년(辛巳, 261) 봄 정월 초하루에 왕이 소매가 큰 자주색 두루마기와 푸른색 비단 바지를 입고, 금꽃으로 장식한 검은 비단 관을 쓰고,

흰 가죽띠를 두르고, 검은 가죽신을 신고 남당(南堂)에 앉아서 일을 처리하였다.

2월에 진가(眞可)를 내두좌평으로 삼고, 우두(優豆)를 내법좌평으로 삼고, 고수(高壽)를 위사좌평으로 삼고, 곤노(昆奴)를 조정좌평으로 삼고, 유기(惟己)를 병관좌평으로 삼았다.

3월에 사신을 신라로 보내 화친하자고 청하였으나 신라가 듣지 않았다.

안악3호분의 무덤 안벽에 그려진 남자 주인공의 초상. 안악3호분은 전연(前燕)에서 고구려로 귀화한 동수(冬壽)의 무덤이라는 설과 고구려 미천왕(美川王) 혹은 고국원왕(故國原王)의 무덤이라는 설이 있다. 어느 쪽이든 벽화는 4세기 무렵 고구려 사람의 모습을 시사한다. 백제사람들도 크게 다르지는 않았을 것이다.

29년(壬午, 262) 봄 정월에 영을 내려 무릇 관리로서 재물을 받거나 도둑질한 자는 장물의 3배를 징수하고 죽을 때까지 벼슬길에 못 나오게 하였다.

33년(丙戌, 266) 가을 8월에 군사를 보내 신라의 봉산성을 공격하였다. 성주 직선(直宣)이 힘센 군사 200명을 거느리고 나와 치니 우리가 졌다.

36년(己丑, 269) 가을 9월에 살별이 자미궁(紫微宮) 별자리에 나타났다.

39년(壬辰, 272) 겨울 11월에 군사를 보내 신라를 쳤다.

45년(戊戌, 278) 겨울 10월에 군사를 내서 신라를 공격하여 괴곡성(槐谷城)을 에워쌌다.

50년(癸卯, 283) 가을 9월에 군사를 보내 신라의 변경을 쳤다.

53년(丙午, 286) 봄 정월에 사신을 신라로 보내 화친하자고 청하였다. 겨울 11월에 왕이 죽었다.

9. 책계왕(責稽王)

【청계(靑稽)라고도 부른다】고이왕의 아들이다. 몸집이 크고 뜻과 기품이 웅장하고 뛰어났다. 고이왕이 죽자 왕위에 올랐다. 왕이 장정을 징발하여 위례성(慰禮城)을 보수하였다. 고구려가 대방(帶方)을 치자 대방이 우리에게 구원을 요청하였다. 이에 앞서 왕이 대방왕(帶方王)의 딸 보과(寶菓)에게 장가들어 부인(夫人)으로 삼았으므로 "대방과 우리는 장인과 사위의 나라이니 그 요청에 응하지 않을 수 없다"고 말하였다. 마침내 군사를 내어 구하니 고구려가 원망하였다. 왕은 그들이 쳐들어와 노략질할까 염려해 아차성(阿且城)과 사성(蛇城)을 수리하며 대비하였다.

2년(丁未, 287) 봄 정월에 동명묘에 배알하였다.

13년(戊午, 298) 가을 9월에 한(漢)과 맥(貊) 사람들이 쳐들어왔다. 왕이 나가 막다가 적의 군사에게 해를 입어 죽었다.

10. 분서왕(汾西王)

책계왕의 맏아들이다. 어리지만 총명하고 어질며 거동과 모습이 영특하고 빼어나므로 왕이 사랑하여 곁을 떠나지 못하게 했다. 왕이 죽자 이어서 왕위에 올랐다.

겨울 10월에 크게 사면하였다.

2년(己未, 299) 봄 정월에 동명묘에 배알하였다.

5년(壬戌, 302) 여름 4월에 혜성(彗星)이 낮에 나타났다.

7년(甲子, 304) 봄 2월에 몰래 군사를 보내 낙랑의 서쪽 현(縣)을 습격하여 빼앗았다.

겨울 10월에 왕이 낙랑태수가 보낸 자객에게 해를 입어 죽었다.

11. 비류왕(比流王)

구수왕의 둘째아들이다. 성품이 너그럽고 인자하여 남을 사랑하고, 또 힘이 세어 활을 잘 쏘았다. 오랫동안 민간에 있었는데, 명성이 자자하였다. 분서가 죽자, 비록 아들이 있었지만 모두 어려서 왕위에 오를 수 없었다. 그래서 신하와 백성들의 추대를 받아 왕위에 오른 것이다.

5년(戊辰, 308) 봄 정월 초하루 병자(丙子)날에 일식이 일어났다.

9년(壬申, 312) 봄 2월에 사신을 보내 돌아다니면서 백성들의 질병과 고통을 위문하도록 하고 홀아비·과부·고아·혼자 사는 늙은이로

서 스스로 생활할 수 없는 자
에게 곡식을 한사람 당 3섬씩
주었다.

여름 4월에 동명묘에 배알하
였다. 해구(解仇)를 병관좌평
으로 삼았다.

10년(癸酉, 313) 봄 정월에 남쪽
교외에서 하늘과 땅에 제사지
냈는데, 왕이 직접 제물로 쓸
짐승을 베었다.

13년(丙子, 316) 봄에 가물었다.
큰 별이 서쪽으로 흘러갔다.
여름 4월에 왕도의 우물물이
넘치고 그 안에서 검은 용이
나타났다.

17년(庚辰, 320) 가을 8월에 궁
궐 서쪽에 활 쏘는 누대를 쌓
고 매월 초하루에 활쏘기를
익혔다.

18년(辛巳, 321) 봄 정월에 왕의
이복 아우[庶弟]인 우복(優福)

경기도 하남시 미사리에서 발견된 집자리(한양
대학교박물관). 조사단은 92-1호 주거지라고 이
름 지었는데, 전형적인 '여(呂)자형 주거지'이
다. 남쪽에 출입구가 있으며, 동쪽에 화덕과 온
돌시설이 갖춰져 있다. 주거지 안에서 청동으로
만든 거울이 발견되었다.

풍납토성 동쪽 성벽 바깥에서 발견된 백제 때의
우물(2004년, 국립문화재연구소). 남동쪽 성벽
에서 15~20m가량 떨어진 지점인데, 나무로 네
벽을 짜고 틈새와 벽 바깥에 점토를 발라 방수
처리하였다. 깊이 약 2.4m.

풍납토성 동쪽 성벽 바깥의 우물을 위에서 내려다본 모습(국립문화재연구소). 각목을 정(井)자 모양으로 가지런히 짜 맞추었는데, 중간 부분이 볼록하여 가장 넓고 위로 올라갈수록 폭이 좁아진다. 맨 위는 각 변의 길이가 1.4m 정도이다.

우물 안에서 발견된 두레박토기(국립문화재연구소). 입이 나팔모양으로 살짝 벌어진 목 짧은 항아리[短頸壺]인데, 목에 긴 새끼줄이 감겨져 두레박으로 쓰였음을 알 수 있다.

우물 안에서 발견된 따리(국립문화재연구소). 누군가 물동이를 이고 가려다 빠뜨렸을 텐데, 우물 안에는 나무로 만든 두레박걸이와 많은 토기들이 빠져있었으며, 바닥에는 8cm 두께의 각목이 깔려 있었다.

고구려의 우물 그림(안악3호분 벽화). 풍납토성 동쪽에서 발견된 우물과 마찬가지로 나무로 틀을 짠 우물이다. 다만, 위의 우물 그림은 4세기 중엽의 풍경이며, 풍납토성 동쪽 우물은 5세기 무렵에 만든 것으로 추정된다.

을 내신좌평으로 삼았다.

가을 7월에 금성이 낮에 나타났다. 나라 남쪽에서 메뚜기가 곡식을 해쳤다.

22년(乙酉, 325) 겨울 10월에 하늘에서 소리가 났는데, 마치 바람과 물결이 서로 부딪치는 듯했다.

11월에 왕이 구원(狗原) 북쪽에서 사냥하여 손수 사슴을 쏘아 맞혔다.

24년(丁亥, 327) 가을 7월에 구름이 마치 붉은 까마귀가 해를 끼고 있는 것처럼 보였다.

9월에 내신좌평 우복이 북한성(北漢城)을 근거로 삼아 반란을 일으키자 왕이 군사를 보내 토벌하였다.

28년(辛卯, 331) 봄과 여름에 크게 가물어 풀과 나무가 마르고 강물이 마르더니 가을 7월에 이르러서야 비가 왔다. 이 해에 기근이 드니 사람들이 서로 잡아먹었다.

30년(癸巳, 333) 여름 5월에 별이 떨어졌다. 왕궁에서 불이 나더니 민가까지 잇달아 태웠다.

가을 7월에 궁실을 수리하였다. 진의(眞義)를 내신좌평으로 삼았다.

겨울 12월에 우레가 쳤다.

32년(乙未, 335) 겨울 10월 초하루 을미(乙未) 날에 일식이 일어났다.

33년(丙申, 336) 봄 정월 신사(辛巳)날에 혜성이 규성(奎星) 별자리에 나타났다.

34년(丁酉, 337) 봄 2월에 신라가 사신을 보내 예방하여 왔다.

41년(甲辰, 344) 겨울 10월에 왕이 죽었다.

12. 계왕(契王)

분서왕의 맏아들이다. 타고난 자질이 강직하고 용감하며 말타기와 활쏘기를 잘하였다. 처음에 분서가 죽었을 때 계왕이 어려서 왕위에 오르지 못했는데, 비류왕이 재위 41년에 죽자 왕위에 올랐다.

3년(丙午, 346) 가을 9월에 왕이 죽었다.

13. 근초고왕(近肖古王)

비류왕의 둘째 아들이다. 체격과 용모가 뛰어나고 크며 원대한 식견이 있었다. 계왕이 죽자 왕위를 이었다.

2년(丁未, 347) 봄 정월에 하늘과 땅의 신들에게 제사지냈다. 진정(眞淨)을 조정좌평으로 삼았다. 정(淨)은 왕후의 친척으로서 성품이 사납고 어질지 못하며 일할 때 가혹하고 까다로웠다. 권세를 믿고 제 마음대

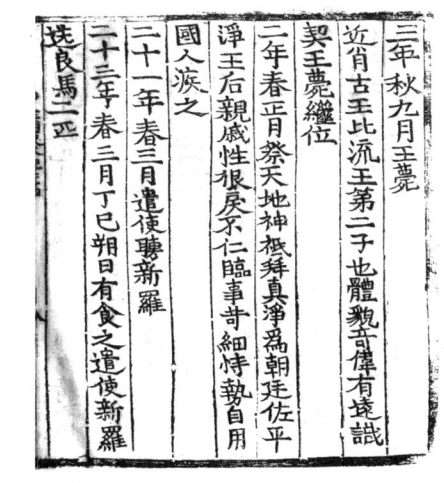

『삼국사기』 「백제본기」의 근초고왕에 관한 기사 일부분.

근초고왕 때의 백제 영토(추정).

로 하니 나라 사람들이 미워하였다.

21년(丙寅, 366) 봄 3월에 사신을 보내 신라를 예방하였다.

23년(戊辰, 368) 봄 3월 초하루 정사(丁巳) 날에 일식이 일어났다. 사신을 신라로 보내 좋은 말 2필을 주었다.

24년(己巳, 369) 가을 9월에 고구려 왕 사유(斯由)가 보병과 기병 2만 명을 이끌고 치양(雉壤)에 와서 진을 치고는 군사를 나누어 민가를 약탈하였다. 왕이 태자를 보내 군사와 함께 지름길로 치양에 이르러서 급히 쳐부수어 깨뜨리고 5천여 명을 잡았는데, 사로잡은 포로는 장수와 군사들에게 나누어주었다.

겨울 11월에 한수(漢水)의 남쪽
에서 크게 사열하였는데, 깃발
은 모두 누른색(황색)을 썼다.

26년(辛未, 371) 고구려가 군사를
일으켜 왔다. 왕이 듣고 군사를
패하(浿河) 가에 매복시켰다가
그들이 이르기를 기다린 다음
급히 치니 고구려 군사가 패배
하였다.

겨울에 왕이 태자와 정예 군사 3
만 명을 이끌고 고구려를 쳐서
평양성(平壤城)을 공격하였다.
고구려 왕 사유가 힘껏 싸우며
막다가 날아오는 화살에 맞아
죽었다. 왕이 군사를 이끌고 물
러났다. 도읍을 한산(漢山)으로
옮겼다.

서울시 송파구에
있는 풍납토성(사
적 제11호)과 몽촌
토성(사적 제297
호)의 1972년도
위성사진(서울역
사박물관). 두 성
벽 사이의 거리는
약 700m이다.

27년(壬申, 372) 봄 정월에 사신을
진(晉)나라로 보내 조공하였다.
가을 7월에 지진이 일어났다.

28년(癸酉, 373) 봄 2월에 사신을 진(晉)나라로 보내 조공하였다.

석촌동3호분을 동쪽에서 내려다본 모습. 모두 돌로 쌓았으며, 밑변의 길이가 동서 49.6m, 남북 43.7m이다. 규모가 가장 큰 데다 금으로 만든 귀걸이장식이 발견되자 많은 사람들이 근초고왕의 무덤일지 모른다고 추정하였다.

가을 7월에 청목령(靑木嶺)에 성을 쌓았다. 독산성(禿山城)의 성주가 3백 명을 이끌고 신라로 달아났다.

30년(乙亥, 375) 가을 7월에 고구려가 북쪽 변경의 수곡성(水谷城)을 공격해 와서 함락시켰다. 왕이 장수를 보내 막았으나 이기지 못했다. 왕이 다시 크게 군사를 일으켜 보복하려 했다가 흉년이 들어 하지 못했다.

겨울 11월에 왕이 죽었다.

옛 기록에 이르기를 "백제는 나라를 연 이래 문자로 일을 기록한

적이 없는데 이때에 이르러 박사 고흥(高興)을 얻어 비로소 서기(書記)를 갖게 되었다"고 하였다. 그러나 고흥이 다른 책에 나온 적이 없어서 그가 어떤 사람인지 알 수 없다.

14. 근구수왕(近仇首王)

【이름을 수(須)라고도 부른다】 근초고왕의 아들이다. 이에 앞서 고구려의 국강왕(國岡王) 사유(斯由)가 직접 쳐들어오니 근초고왕이 태자를 보내 막았다. 반걸양(半乞壤)에 이르러 싸우려 하였는데, 고구려 사람 사기(斯紀)는 본래 백제 사람으로서 왕이 타는 말의 발굽을 상하게 하는 잘못을 저지르고서 죄를 받을까 두려워해 저쪽으로 달아났다가 이때 돌아와 태자에게 아뢰었다. "저쪽 군사는 비록 많긴 하지만 모두 숫자를 채운 거짓 군사일 뿐입니다. 날래고 용감한 것은 오직 붉은 깃발 뿐이니 제일 먼저 이들을 깨뜨리면 그 나머지는 공격하지 않더라도 스스로 무너질 것입니다." 태자가 그 말을 좇아 나아가 쳐서 크게 이겼다. 달아나는 자를 뒤쫓아 수곡성(水谷城)의 서북쪽에까지 닿으니 장군 막고해(莫古解)가 간하여 말하기를 "일찍이 도가(道家)의 말을 들으니 '만족할 줄 알면 욕을 당하지 않고 그칠 줄 알면 위태롭지 않다'고 하였습니다. 지금 얻은 바가 많은데 어찌하여 꼭 많은 것을 구하십니까?"라고 하였다. 태자가 옳다고 여겨 멈추었다. 이에 돌을 쌓아 표시하고 그 위에 올라 좌우를 둘러보며 말하길 "오늘 이후로 누가 다시 이곳에

이를 수 있을까?"라고 말하였다. 그곳에 바위가 있는데, 갈라진 틈이 마치 말발굽 같아 사람들이 지금까지도 태자의 말 발자국이라고 부른다. 근초고왕이 재위 30년에 죽자 태자가 왕위에 올랐다.

2년(丙子, 376) 왕의 장인 진고도(眞高道)를 내신좌평으로 삼고 정치에 관한 일을 맡겼다.

겨울 11월에 고구려가 북쪽 경계를 쳐들어왔다.

3년(丁丑, 377) 겨울 10월에 왕이 군사 3만 명을 거느리고 고구려의 평양성(平壤城)을 쳤다.

11월에 고구려가 쳐들어왔다.

5년(己卯, 379) 봄 3월에 사신을 보내 진(晉)나라에 조공하려 하였으나, 사신이 바다에서 모진 바람을 만나 도달하지 못하고 돌아왔다.

여름 4월에 흙비가 하루 종일 내렸다.

6년(庚辰, 380) 전염병이 크게 번졌다.

여름 5월에 땅이 갈라져 깊이가 5장(丈), 가로 너비가 3장(丈)이나 되었다가 3일 만에 합쳐졌다.

8년(壬午, 382) 봄에 비가 오지 않더니 6월에 이르러 백성들이 굶주려 자식을 파는 자까지 있었다. 왕이 관청의 곡식을 내어 물러주었다.

10년(甲申, 384) 봄 2월에 해에 햇무리가 세 겹이나 있었다. 궁궐 안의 큰 나무가 저절로 뽑혔다.

여름 4월에 왕이 죽었다.

15. 침류왕(枕流王)

근구수왕의 맏아들로서, 어머니는 아이부인(阿尒夫人)이다. 아버지를 이어서 왕위에 올랐다.

가을 7월에 사신을 진(晉)나라로 보내 조공하였다.

9월에 외국 승려 마라난타(摩羅難陁)가 진나라에서 오니 왕이 맞아 궁궐 안으로 모시고 예우하며 공경하였다. 불교가 이로부터 시작되었다.

2년(乙酉, 385) 봄 2월에 한산(漢山)에 절을 세우고 승려 10명을 허락하였다.

겨울 11월에 왕이 죽었다.

『삼국사기』 제25권 「백제본기」 제3권

16. 진사왕(辰斯王)

근구수왕의 둘째 아들이며 침류왕의 아우이다. 사람됨이 굳세고 용감하고 총명하고 어질며 슬기와 계략이 많았다. 침류왕이 죽었는데, 태자가 어리므로 숙부인 진사가 왕위에 올랐다.

2년(丙戌, 386) 봄에 나라 안 사람으로 나이 15세 이상인 자를 징발하여 국경을 지키는 요새를 설치하였는데, 청목령(靑木嶺)에서부터 북쪽으로 팔곤성(八坤城)에 닿고 서쪽으로 바다에 이르렀다.

가을 7월에 서리가 내려 곡식을 해쳤다.

8월에 고구려가 쳐들어왔다.

3년(丁亥, 387) 봄 정월에 진가모(眞嘉謨)를 달솔(達率)로 삼고 두지(豆知)를 은솔(恩率)로 삼았다.

가을 9월에 말갈(靺鞨)과 관미령(關彌嶺)에서 싸웠으나 이기지 못했다.

5년(己丑, 389) 가을 9월에 왕이 군사를 보내 고구려의 남쪽 변경을 침

풍납토성에서 발견된 토관.(국립문화재연구소) 지금까지 두 종류가 발견되었는데, 큰 것은 직경 9~10cm에 구멍직경 5cm내외, 작은 것은 직경 5~6cm에 구멍직경 2cm 내외이다. 하수관 등으로 쓰였을 것이며, 풍납토성이 최고위 지배층이 살던 곳임을 입증한다.

입하고 약탈하였다.

6년(庚寅, 390) 가을 7월에 살별이 북하(北河) 별자리에 나타났다.

9월에 왕이 달솔 진가모에게 고구려를 치라고 명하여 도곤성(都坤城)을 빼앗고 2백 명을 사로잡았다. 왕이 진가모를 병관좌평으로 삼았다.

겨울 10월에 구원(狗原)에서 사냥하고 7일 만에 돌아왔다.

7년(辛卯, 391) 봄 정월에 궁실을 손질하며 고쳤는데, 연못을 파고 산을 만들어 기이한 새와 특이한 화초를 길렀다.

여름 4월에 말갈이 북쪽 변경의 적현성(赤峴城)을 쳐서 함락시켰다.

가을 7월에 나라 서쪽의 큰 섬에서 사냥하였는데, 왕이 손수 사슴을 쏘아 맞혔다.

8월에 다시 횡악(橫岳)의 서쪽에서 사냥하였다.

8년(壬辰, 392) 여름 5월 초하루 정묘(丁卯) 날에 일식이 일어났다.

가을 7월에 고구려 왕 담덕(談德)이 군사 4만 명을 이끌고 북쪽 변경을 공격해 와서 석현성(石峴城) 등 10개의 성을 함락시켰다. 왕은 담덕이 군사를 잘 부린다는 말을 듣고 나가서 막지 못해 한수(漢水) 북쪽의 여러 부락이 많이 없어졌다.

겨울 10월에 고구려가 관미성(關彌城)을 쳐서 빼앗았다. 왕이 구원(狗原)에서 사냥하였는데, 열흘이 지나도 돌아오지 않았다.

11월에 왕이 구원의 행궁(行宮)에서 죽었다.

17. 아신왕(阿莘王)

【아방(阿芳)이라고도 부른다】침류왕의 맏아들이다. 처음에 한성(漢城)의 별궁에서 태어났을 때 신비한 광채가 밤을 밝혔으며, 장성하여서는 뜻과 기개가 무척 빼어나고 매사냥과 말타기를 좋아하였다. 왕이 죽었을 때 나이가 어렸으므로 숙부인 진사가 왕위를 이었다가 8년에 죽자 왕위에 올랐다.

2년(癸巳, 393) 봄 정월에 동명묘에 배알하였다. 또 남쪽 제단에서 하늘과 땅에 제사지냈다. 진무(眞武)를 좌장(左將)으로 삼고 군사 업무를 맡겼다. 무(武)는 왕의 외삼촌으로서, 침착하고 굳세며 큰 지략이 있어 당시 사람들이 복종하였다.

가을 8월에 왕이 무(武)에게 말하길 "관미성은 우리 북쪽 변경의 요충지이다. 지금 고구려의 소유가 되었으니, 이는 과인이 분하고 애석하게 여기는 바이다. 경은 마땅히 마음을 써서 설욕하라"고 하였다. 드디어 군사 1만 명을 거느리고 고구려의 남쪽 변경을 치기로 하였다. 무(武)가 직접 일반 군사들보다 앞장서서 화살과 돌을 무릅쓰며 석현성 등 5개의 성을 되찾으려고 먼저 관미성을 에워쌌지만 고구려 사람들이 성문을 닫고 굳게 지켰다. 무(武)는 군량 수송이 이어지지 않자 군사를 이끌고 돌아왔다.

3년(甲午, 394) 봄 2월에 맏아들 전지(腆支)를 태자로 삼고 크게 사면하였다. 이복 아우 홍(洪)을 내신좌평으로 삼았다.

가을 7월에 고구려와 수곡성(水谷城) 아래에서 싸웠는데 졌다. 금성이 낮에 나타났다.

4년(乙未, 395) 봄 2월에 살별이 서북쪽에 나타났다가 20일 만에 사라졌다.

가을 8월에 왕이 좌장 진무 등에게 명하여 고구려를 쳤다. 고구려왕 담덕이 직접 군사 7천 명을 이끌고 패수(浿水) 가에 진을 치고 막아 싸웠는데, 우리 군사가 크게 져서 죽은 자가 8천 명이었다.

겨울 11월에 왕이 패수 싸움을 갚으려고 직접 군사 7천 명을 이끌고 한수(漢水)를 건너 청목령(靑木嶺) 아래에서 머물렀는데, 큰 눈을 만나 군사들이 많이 얼어 죽자 군대를 돌려 한산성(漢山城)에 이르러 군사를 위로하였다.

6년(丁酉, 397) 여름 5월에 왕이 왜국(倭國)과 우호를 맺고 태자 전지(腆支)를 볼모로 보냈다.

가을 7월에 한수의 남쪽에서 군대를 크게 사열하였다.

7년(戊戌, 398) 봄 2월에 진무를 병관좌평으로 삼고, 사두(沙豆)를 좌장으로 삼았다.

3월에 쌍현성(雙峴城)을 쌓았다.

가을 8월에 왕이 장차 고구려를 치려고 군사를 내어 한산 북쪽의 목책에 이르렀다. 그 날 밤에 큰 별이 군영 안에 떨어지며 소리가 났다. 왕이 매우 꺼리어 곧 그만두었다.

9월에 왕도(王都)의 사람들을 모아 서쪽 돈대에서 활쏘기를 익히게 하였다.

8년(己亥, 399) 가을 8월에 왕이 고구려를 치려고 군사와 말을 크게 징발하였다. 백성들이 전쟁에 시달리자 신라로 많이 도망하니 호구(戶口)가 줄어들었다.

9년(庚子, 400) 봄 2월에 살별이 규성(奎星)과 루성(婁星) 별자리에 나타났다.

여름 6월 초하루 경진(庚辰) 날에 일식이 일어났다.

11년(壬寅, 402) 여름에 크게 가물어 벼의 싹이 타서 말랐다. 왕이 직접 횡악(橫岳)에서 제사지내니 곧 비가 왔다.

5월에 사신을 왜국(倭國)으로 보내 큰 구슬을 구하였다.

12년(癸卯, 403) 봄 2월에 왜국의 사신이 왔다. 왕이 맞아 위로하였는데, 특별히 도타웠다.

가을 7월에 군사를 보내 신라의 변경을 쳤다.

14년(乙巳, 405) 봄 3월에 흰 기운이 왕궁 서쪽에서 일어났는데, 마치한 필의 비단 같았다.

가을 9월에 왕이 죽었다.

18. 전지왕(腆支王)

【직지(直支)라고도 부른다】『양서(梁書)』에서는 이름을 영(映)이라고하였다. 아신왕의 맏아들이다. 아신왕의 재위 3년째에 태자가 되고, 6년에는 왜국(倭國)에 볼모로 나갔다. 14년에 왕이 죽자, 왕의 둘째 아우훈해(訓解)가 대신 다스리면서 태자가 나라로 돌아오기를 기다렸는데, 막내아우 설례(碟禮)가 훈해를 죽이고 스스로 왕이 되었다. 전지가 왜(倭)에서 부음을 듣고 소리 내어 울면서 돌아가기를 청하니 왜왕이 군사 100명으로 호위하며 보냈다. 이윽고 국경에 이르자 한성 사람 해충(解忠)이 와서 알리기를 "대왕께서 돌아가시자 왕의 아우 설례가 형을죽이고 스스로 왕이 되었습니다. 바라건대 태자께서는 경솔하게 들어가지 마십시오"라고 하였다. 전지가 왜인(倭人)을 머물게 하여 스스로

지키면서 바다의 섬에 의지하며 기다렸더니 나라 사람들이 설례를 죽이고 전지를 맞아 왕위에 오르게 하였다. 왕비는 팔수부인(八須夫人)이니 아들 구이신(久尒辛)을 낳았다.

2년(丙午, 406) 봄 정월에 왕이 동명묘에 배알하고 남쪽 제단에서 하늘과 땅에 제사지냈다. 크게 사면하였다.

2월에 사신을 진(晉)나라로 보내 조공하였다.

가을 9월에 해충을 달솔로 삼고 한성의 세금 1천 섬을 주었다.

3년(丁未, 407) 봄 2월에 이복 아우 여신(餘信)을 내신좌평으로 삼고, 해수(解須)를 내법좌평으로 삼고, 해구(解丘)를 병관좌평으로 삼았는데, 모두 왕의 친척이다.

4년(戊申, 408) 봄 정월에 여신을 상좌평(上佐平)으로 삼고 군사와 정치에 관한 일을 맡겼다. 상좌평이라는 직책은 이로부터 비롯되었는데, 지금의 총재(冢宰)와 같다.

5년(己酉, 409) 왜국이 사신을 보내 밤에도 빛나는 구슬을 보내오니, 왕이 도타운 예로 대접하였다.

11년(乙卯, 415) 여름 5월 갑신(甲申) 날에 혜성이 나타났다.

12년(丙辰, 416) 동진(東晉)의 안제(安帝)가 사신을 보내 왕을 책봉하여 사지절(使持節) 도독백제제군사(都督百濟諸軍事) 진동장군(鎭東將軍) 백제왕(百濟王)으로 삼았다.

13년(丁巳, 417) 봄 정월 초하루 갑술(甲戌) 날에 일식이 일어났다.

여름 4월에 가물어 백성들이 굶주렸다.

가을 7월에 동부와 북부 사람으로서 나이 15세 이상을 징발하여 사구성(沙口城)을 쌓았는데, 병관좌평 해구(解丘)에게 공사를 감독하게 하였다.

14년(戊午, 418) 여름에 사신을 왜국(倭國)으로 보내 흰 면포[白綿] 10필을 보냈다.

15년(己未, 419) 봄 정월 무술(戊戌)날에 살별이 태미성(太微星) 별자리에 나타났다.

겨울 11월 초하루 정해(丁亥)날에 일식이 일어났다.

16년(庚申, 420) 봄 3월에 왕이 죽었다.

19. 구이신왕(久爾辛王)

전지왕의 맏아들이다. 전지왕이 죽자 왕위에 올랐다.

8년(丁卯, 427) 겨울 12월에 왕이 죽었다.

20. 비유왕(毗有王)

구이신왕의 맏아들이다. 〖전지왕의 서자(庶子)라고도 하는데, 어느 쪽이 옳은지는 모르겠다〗 용모가 아름답고 말재주가 있어 사람들이 떠받들고 존중하였다. 구이신왕이 죽자 왕위에 올랐다.

2년(戊辰, 428) 봄 2월에 왕이 4부(部)를 돌며 어루만지고 가난한 사람

풍납토성에서 발견된 수키와 막새(국립문화재연구소). 지붕의 맨 끝 처마에 쓰이는 장식인데, 디자인이 단순하면서도 세련미가 돋보인다. 직경 13cm.

풍납토성에서 발견된 수키와 막새.(국립문화재연구소) 풍납토성 내부의 미래마을에서는 기와를 무더기로 내다버린 폐기장이 발견되었는데, 이 막새기와는 그 중 하나로서 2004년도에 발견되었다.

들에게 곡식을 차등 있게 주었다. 왜국(倭國)의 사신이 도착하였는데, 따르는 자가 50명이었다.

3년(己巳, 429) 가을에 사신을 송(宋)나라로 보내 조공하였다.

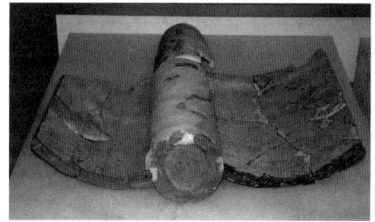

풍납토성에서 발견된 백제 기와를 임의로 조합해 본 장면. 포목자국이 뚜렷한 암키와 2개를 수키와가 연결해주고 있다.

겨울 10월에 상좌평 여신(餘信)이 죽었다. 해수(解須)를 상좌평으로 삼았다.

11월에 지진이 일어났다. 큰 바람이 불어 기와를 날렸다.

12월에 얼음이 얼지 않았다.

4년(庚午, 430) 여름 4월에 송나라 문황제(文皇帝)가 왕이 다시 조공을 바쳤다 하여 사신을 내려보내 돌아가신 왕 영(映)의 작호로 책봉해 주었다.

7년(癸酉, 433) 봄과 여름에 비가 오지 않았다.

가을 7월에 사신을 신라로 들여보내 화친을 청하였다.

8년(甲戌, 434) 봄 2월에 사신을 신라로 보내 좋은 말 2필을 보냈다.

가을 9월에 또 흰 매를 보냈다.

겨울 10월에 신라가 좋은 금과 밝은 구슬로 답례하였다.

14년(庚辰, 440) 여름 4월 초하루 무오(戊午) 날에 일식이 일어났다.

겨울 10월에 사신을 송나라로 보내 조공하였다.

21년(丁亥, 447) 여름 5월에 궁궐 남쪽 연못 안에서 불이 났는데, 불꽃이 수레바퀴 같더니 밤을 새고서야 꺼졌다.

가을 7월에 가물어 곡식이 익지 않았다. 백성들이 굶주려 신라로 흘러 들어간 자가 많았다.

28년(甲午, 454) 별이 비처럼 떨어지고, 살별(혜성)이 서북쪽에서 나타났는데 길이가 2장(丈)쯤 되었다.

가을 8월에 메뚜기가 곡식을 해쳐 기근이 들었다.

29년(乙未, 455) 봄 3월에 왕이 한산에서 사냥하였다.

가을 9월에 검은 용이 한강에서 나타났는데, 잠시 구름과 안개가 끼어 어두컴컴해지더니 날아가 버렸다. 왕이 죽었다.

21. 개로왕(蓋鹵王)

【근개루(近蓋婁)라고도 부른다】 이름은 경사(慶司)이며, 비유왕의 맏아들이다. 비유가 재위 29년에 죽자 왕위를 이었다.

14년(戊申, 468) 겨울 10월 초하루 계유(癸酉) 날에 일식이 일어났다.

15년(己酉, 469) 가을 8월에 장수를 보내 고구려의 남쪽 변경을 쳤다. 겨울 10월에 쌍현성(雙峴城)을 수리하였다. 청목령(靑木嶺)에 큰 목책을 세우고 북한산성(北漢山城)의 군사들을 나누어 지키게 하였다.

18년(壬子, 472) 사신을 위(魏)나라에 보내 조공하고 표(表)를 올려 이렇게 말하였다.

"신은 나라를 동쪽 끝에 세워서 승냥이와 이리가 길을 막아 비록 대대로 신령한 교화를 받았으나 제후국으로서의 예의를 바칠 수 없었습니다. 멀리 천자의 대궐을 바라보며 달리는 정이 끝이 없습니다. 서늘한 바람이 살짝 부는 요즘 엎드려 생각건대 황제 폐하께서 하늘의 아름다운 도리에 화합하시니 우러러 사모하는 마음을 누를 길이 없습니다. 삼가 사사로이 임명한 관군장군(冠軍將軍) 부마도위(駙馬都尉) 불사후(弗斯侯) 장사(長史) 여례(餘禮)와 용양장군(龍驤將軍) 대방태수(帶方太守) 사마(司馬) 장무(張茂) 등을 보내 험한 파도에 배를 띄워 아득한 나루터를 찾아 헤매며 목숨을 자연의 운수에 맡겨 만 분의 일의 정성이라도 바치고자 합니다. 바라건대 하늘의 신과 땅의 신이 감동하시고 황제의 신령이 크게 살피셔서 천자의 궁궐에 도달하여 신의 뜻을 펴 드러낼 수 있다면 비록 아침에 그 소식을 듣고 저녁에 죽는다 해도 영영 한스러움이 남지 않을 것입니다."

또 말하였다. "신은 고구려와 함께 근원이 부여(扶餘)에서 나왔습니다. 조상 때에는 옛 정을 매우 귀중하게 여겼으나 그 할아비 쇠(釗)가 이웃나라와의 우호를 가벼이 저버리며 직접 군사를 이끌고 신의 국경을 함부로 짓밟았습니다. 신의 할아버지 수(須)가 군사를 정비하여 번개같이 달려가서 기회를 노려 날쌔게 쳤는데, 화살과 돌이 잠시 오가고는 쇠(釗)의 머리를 베었습니다. 이로부터 감히 남쪽을 돌아보지 못하더니, 풍씨(馮氏)의 운수가 다하여 남은 무리들이 바삐 달아나 숨으면서부터 추악한 무리들이 점차 번성하여 마침내 능멸과 핍박을 당하였습니다. 원한을 맺고 재난이 30여 년이나 이어지자 재물도 다하고 힘도 다하여 점점 약해지고 위축되었습니다. 만약 천자의 자애로움과 매우 불쌍하게 여기심이 멀리 끝없이 미친다면 빨리 장수 한 명을 신의 나라로 보내 구해주십시오. 마땅히 제 딸을 보내 후궁에서 모시고, 아울러 아들과 아우를 보내 바깥 외양간에서 말을 기르며, 땅 한 척(尺)과 백성 한 사람이라도 감히 가지지 않겠습니다."

또 말하였다. "지금 연(璉)이 죄를 지어 나라가 스스로 으깨지고, 대신(大臣)과 힘센 귀족들을 끝없이 죽여 죄가 차고 악이 쌓였으며, 백성들은 무너지고 흩어졌습니다. 이는 멸망할 시기이자 손을 써야

할 때입니다. 또, 풍족(馮族)의 군사와 말은 새와 짐승이 주인을 따르는 정을 가지고 있으며, 낙랑의 여러 군(郡)은 고향을 그리워하는 마음을 품고 있으니, 천자의 위엄이 한 번 떨치면 정벌은 있을지언정 전쟁은 없을 것입니다. 신이 비록 민첩하지 못하나 뜻을 다하고 힘을 다해 마땅히 거느리고 있는 군대를 이끌고 위풍을 받들어 호응할 것입니다. 또, 고구려는 의롭지 못해 반역과 속임수가 하나만이 아닙니다. 겉으로는 외효(嵬囂)가 번국으로서 낮추던 말을 본받으면서 속으로는 흉악한 재앙과 저돌적인 행위를 품어 어떤 때는 남쪽으로 유씨(劉氏)와 내통하고 어떤 때는 북쪽의 연연(蠕蠕)과 약속하여 서로 입술과 이처럼 의지하며 왕의 법을 능멸하려 하고 있습니다. 옛날 요임금은 지극한 성인이었지만 단수(丹水)를 쳐서 벌주었으며, 맹상군(孟嘗君)은 어질다고 일컬어졌지만 길에서 욕하는 것을 내버려두지는 않았습니다. 졸졸 흐르는 물도 마땅히 빨리 막아야 하거늘 지금 만약 얻지 않으면 장차 후회하게 될 것입니다. 지난 경진(庚辰)년 이후에 신이 서쪽 경계의 소석산북국(小石山北國)의 바다 속에서 시체 10여 구를 발견하고 아울러 옷과 기물, 안장과 굴레를 주워서 살펴보니 고구려의 물건이 아니었습니다. 나중에 들으니, 이것은 왕의 명령을 받든 사람이 신의 나라로 내려오다가 큰 뱀이 길을 막으니 바다에 빠진 것이라고 합니다. 비록 자세히 알 수 없으나 깊이 분노를 느낍니다. 옛날 송(宋)나라가 신주(申舟)를 죽이니 초(楚)나라 장왕(莊王)이 맨발로 뛰어나갔고, 새매가 놓아준

비둘기를 잡으니 신릉군(信陵君)이 먹지 않았다고 합니다. 적을 이겨서 이름을 세우는 것은 아름답고 높기가 그지없습니다. 무릇 구구한 변방의 나라들도 오히려 만대의 신의를 흠모하거늘 하물며 폐하의 기개가 하늘과 땅에 합하고 세력이 산과 바다를 기울이는데 어찌 더벅머리 아이가 천자의 길을 걸터앉아 막게끔 하겠습니까. 이제 주운 안장을 올리니, 이 한 가지로 사실을 증험하십시오."

현조(顯祖)는 궁벽하고 먼 곳에서 험난함을 무릅쓰고 조공하였으므로 더욱 두터이 예우하고, 사신 소안(邵安)을 보내 그 사신과 함께 돌아가게 하면서 조서를 내려 말하였다.

"표를 받고 별 탈이 없다고 들으니 매우 기쁘다. 경은 동쪽 구석 먼 곳에 있으면서 산과 바다를 멀다 하지 않고 위(魏)나라의 궁궐에 정성을 바치니 지극한 뜻을 매우 기쁘게 여겨 가슴에 거두었다. 짐이 만대의 위업을 이어 천하에 군림하고 모든 사람을 다스리니 지금 세상이 깨끗이 하나가 되고 모두가 의로움을 따라 아이를 업고 오는 자들이 이루 헤아릴 수 없으며, 풍속이 평화롭고 군사와 말이 강성함은 모두 여례 등이 직접 보고 들었다. 경(卿)이 고구려와 화목하지 못해 자주 능멸당하고 침범당했지만, 진실로 의로움을 따르고 어짊으로써 지킨다면 또한 원수에 대해 무엇을 걱정하겠는가? 앞서 보낸 사신은 바다를 건너 황무지 바깥의 나라를 어루만졌는데, 여러 해가 지나도록 가서 돌아오지 않으니 살았는지 죽었는지, 도달했는지 못했는지 자세히 알 수 없다. 경이 보낸 안장은 옛날에 타던 것과 비교해보니 중국의 물건이 아니었다. 비슷한 일을 가지고 반드시 그렇다고 여기는 잘못을 해서는 안 된다. 경영하고 공략하는 일에 대한 핵심은 따로 정리하였다."

또, 조서에서 말하였다. "고구려가 강함을 믿고 경의 땅을 자주 침범하며 예전 임금의 옛 원한을 갚으려고 백성을 쉬게 하는 큰 덕을 버렸다. 전쟁이 여러 해에 걸치고 환난이 황무지 변경에 찾아와서 사신이 신서(申胥)의 정성을 겸하니 나라에 초(楚)나라, 월(越)나라에서와 같은 위급함이 있음을 알겠다. 이에 응당 의로움을 펴고 약한 자를 도와 기회를 타고 번개처럼 쳐야 할 것이다. 다만, 고구려는 앞선 왕조에 제후국이라고 말하면서 조공한 지 오래되었다. 저들에게 비록 예부터 지은 잘못이 있으나, 우리나라에는 아직 명령을 어긴 잘못이 없었다. 경이 사신을 처음 통하면서 곧 정벌할 것을 요청하기에 사정과 기회를 깊이 검토해보니 이유가 충분하지 않다. 그러므로 지난해에 예(禮) 등을 평양으로 보내 그 사유와 상황을 증험하려 하였다. 그러나 고구려가 빈번히 주청하였는데 말과 이치가 모두 맞으니 사신이 그 주청을 누를 수 없었고, 법관이 꾸짖을 수 없었다. 그러므로 그들이 아뢰는 바를 듣고 예(禮) 등에게 조서를 내려 돌려보낸다. 만약 이제 다시 명령을 어기면 잘못과 허물이 더욱 드러나서 나중에 비록 스스로 설명하더라도 죄를 벗어날 수 없을 것이다. 그런 다음에 군사를 일으켜 정벌하면 의로움에 맞을 것이다. 구이(九夷)의 나라는 대대로 바다 건너 살면서 도(道)가 펼쳐

지면 제후국으로서 받들고 은혜가 그치면 국경을 지켰다. 그러므로 속박해 묶는 일은 옛 책에 나오지만 싸릿대로 만든 화살을 바치는 일은 때때로 비었다. 경이 강하고 약한 형세를 갖추어 아뢰고 예전의 행적을 일일이 열거하였는데, 풍속이 다르고 사정이 달라 비교와 비유가 맞지 않지만, 큰 규범과 큰 책략은 아직 그대로 있다. 지금 중국이 평정되고 통일되어 세상에 근심이 없어서 매번 동쪽 끝까지 위엄을 드높이고 국경 바깥에 깃발을 걸며, 외딴 곳에서 고생하는 백성을 구하고 황제의 위풍을 멀리까지 폈는데, 진실로 고구려가 즉시 아뢰었기에 정벌을 결정하지 못하였다. 지금 만약 조서의 뜻을 따르지 않는다면 경이 알려온 꾀가 짐의 뜻과 맞으니 대군이 출동하는 것도 장차 멀다고 말할 수 없다. 곧 미리 군사를 함께 일으킬 수 있으니 갖추어 일을 기다리며 수시로 보고하는 사신을 보내 빨리 저쪽 사정을 알려주어라. 군사를 일으키는 날에 경이 향도(嚮導)의 우두머리가 되고, 크게 이긴 뒤에는 또 으뜸가는 공적으로 상을 받을 터이니 또한 좋지 않겠는가? 바친 비단 베와 해산물은 비록 모두 닿지는 않았으나 경의 지극한 마음을 밝혀주었으니, 이제 여러 물건을 별지와 같이 내린다."

또, 련(璉)에게 조서를 내려 소안(邵安) 등을 호송하게 하였다. 안(安) 등이 고구려에 이르자 련(璉)이 예전에 여경(餘慶)과 원수진 일이 있다고 하면서 동쪽으로 지나가지 못하게 하였다. 안(安) 등이 이에 모두 돌아가니, 조서를 내려 심하게 책망하였다. 나중에 안

(安) 등으로 하여금 동래(東萊)에서 바다로 건너가 여경(餘慶)에게 조서를 주고 그 정성과 절개를 포상하게 하였다. 안(安) 등이 바닷가에 이르러 바람을 만나 떠다니다가 끝내 도달하지 못하고 돌아왔다. 왕이 고구려 사람들이 자주 변경을 침범하자 위나라에 표(表)를 올려 군사를 요청하였으나 듣지 않았다. 왕이 원망하여 마침내 조공을 끊었다.

21년(乙卯, 475) 가을 9월에 고구려 왕 거련(巨璉)이 군사 3만 명을 이끌고 와서 왕도인 한성(漢城)을 에워쌌다. 왕이 성문을 닫아걸고 나가서 싸우지 못하니, 고구려 사람들이 군사를 네 길로 나누어 협공하였다. 또 바람을 타고 불을 놓아 성문을 불태우자 사람들의 마음이 매우 불안해져서 나가

풍납토성의 2002년도 위성사진(서울역사박물관). 성벽의 전체 둘레가 3.5km에 달하는 대규모의 토성인데, 서쪽 성벽은 대부분 없어지고 그 자리에 올림픽도로가 지난다.

풍납토성 일대를 개발하기 전의 항공사진(서울대학교박물관). 1960년대까지도 동쪽 성벽 바깥에는 해자의 흔적이 남아있음을 알 수 있다.

서 항복하려는 사람도 있었
다. 왕은 군색하여 어찌할 바
를 몰라 수십 명의 기병을 거
느리고 문을 나서 서쪽으로
달아나니 고구려 사람들이
쫓아가 해쳤다.
이에 앞서 고구려의 장수왕
이 몰래 백제를 도모하려고

일제 때의 유리원판사진에 담긴 풍납토성의 해자
(垓字). 성벽 바깥에 두른 해자가 마치 강처럼 보
인다(국립중앙박물관).

그곳에서 간첩 일을 할 사람을 구하였다. 이때 불교 승려 도림(道
琳)이 응모하며 말하길 "어리석은 이 승려가 아직 도(道)를 알지 못하지만 나라의 은혜에 보답하려는 생각은 있습니다. 바라건대 대왕께서 신이 어리석다고 않으시고 가르쳐 시키신다면 기필코 명령을 욕되지 않게 하겠습니다"라고 하였다. 왕이 기뻐하여 은밀히 백제를 속이게 하였다. 이에 도림이 거짓으로 죄를 짓고 백제로 도망해 들어갔다. 이때 백제 왕 근개루(近蓋婁)는 바둑과 장기를 좋아했는데, 도림이 왕문(王門)에 이르러 아뢰기를 "신이 어려서 바둑을 좋아하여 자못 신

풍납토성의 동쪽 성벽을 절개한 모습.(국립문화재연구소) 1999년에 국립문화재연구소에서 성벽을 발굴 조사한 결과, 성벽의 폭이 43m에 달하는 것으로 밝혀졌다.

묘한 경지에 들어갔습니다. 바라건대 곁에서 알려드리고자 합니다"라고 하였다. 왕이 불러들여 바둑을 두어보니 과연 국수(國手)였다. 마침내 그를 높여 상객(上客)으로 삼고 매우 친하게 지내면서 서로 늦게 만난 것을 아쉬워하였다. 도림이 하루는 모시고 앉았다가 조용히 말하였다. "신은 다른 나라 사람입니다. 왕께서 저를 멀리하지 않으시고 은혜를 매우 두텁게 베풀어주셨습니다. 그러나 저는 오직 한 가지 기술만 바쳤을 뿐 아직 터럭만한 이익도 드리지 못했

풍납토성의 동쪽 성벽을 절개한 모습.(국립문화재연구소) 풍납토성은 고운 모래흙을 9~11m 높이까지 차곡차곡 다져가며 성벽을 쌓았다고 한다.

습니다. 지금 바라건대 한 말씀 드리려 하는데 왕의 뜻이 어떠하신지 모르겠습니다." 왕이 말하길 "말해 보라. 만약 나라에 이로움이 있다면, 이는 선생에게서 바라는 바이다"라고 하였다. 도림이 말하기를 "대왕의 나라는 사방이 모두 산과 언덕, 강과 바다입니다. 이는 하늘이 베푼 험한 요새이지 사람이 만든 형국이 아닙니다. 그러므로 사방의 이웃 나라들이 감히 엿볼 마음을 먹지 못하고 단지 받들어 섬기고자 하는 데 급급할 뿐입니다. 그러니 왕께서는 마땅히 높고 고상한 위세와 부유한 업적으로써 남의 이목을 두렵게 해야

서울시 송파구 석촌동에 위치한 석촌동고분군의 북쪽 일부분을 동쪽에서 내려다본 모습. 오른쪽(북쪽)부터 차례대로 3호분, 4호분, 2호분이다.

하건만, 성곽이 수리되지 않고 궁실도 고치지 않았으며 선왕의 해골이 맨땅에 임시로 묻혀있고 백성의 집들은 강물에 자주 허물어지니 신은 대왕을 위해 찬성할 수 없습니다"라고 하였다. 왕이 말하길 "옳다. 내가 장차 그

석촌동고분군을 남쪽에서 내려다본 모습. 1975년에 사적 243호로 지정되었으며, 1980년대에 15,000여 평의 고분공원을 조성하였다.

렇게 하리라"고 하였다. 이에 나라 사람들을 모두 징발해 흙을 쪄

석촌동고분군의 적석총 일부를 찍은 1930년대 사진. 1916년 무렵 석촌동 일대에는 적석총 23기와 봉토분 66기 등 모두 89기의 큰 무덤들이 남아있었다고 한다.

복원 중인 석촌동3호분(서울대학교박물관). 1980년대에 발굴하고 복원하였는데, 네모반듯한 밑변의 길이는 동서 49.6m, 남북 43.7m로 추산되었다. 지금은 3층으로 되어있지만, 그보다 더 높았으리라고 추정하기도 한다.

서 성을 쌓고 그 안에 궁궐과 누각과 크고 높은 전망대와 건물을 지었는데 모두 웅장하고 화려하였다. 또, 욱리하(郁里河)에서 큰 돌을 가져다 덧널[槨]을 만들어 아버지의 뼈를 묻고, 강을 따라 둑을 쌓았는데 사성(蛇城)의 동쪽에서부터 숭산(崇山)의 북쪽에 이르렀다. 이 때문에 창고가 텅 비고 백성들이 곤궁해지니 나라의 위태로움이 알을 쌓아놓은 것보다 심하였다. 이에 도림이 도망쳐 돌아가 아뢰니 장수왕이 기뻐하며 장차 정벌하려고 장수들에게 군사를 주었다. 근개루가 그 말을 듣고 아들 문주(文周)에게 말하길 "내가 어리석고 밝지 못해 간사한 사람의 말을 믿고 썼다가 이 지경이 되었다. 백성이 쇠잔하고 군사가 약하니 비록 위태로운 일이 있을지라도 누가 기꺼이 나를 위해 힘써 싸우겠느냐. 나는 마땅히 사직(社稷)에서 죽겠지만, 네가 이곳에서 함께 죽는 것은 이로울 게 없다. 어찌 난을 피해 나라의 계통을 잇지 않겠는가?"라고 하였다. 문주는

석촌동고분군의 일부 모습. 왼편의 돌무리가 조사하고 남은 석촌동1호분의 흔적이고, 멀리 오른편에 있는 것이 내원외방분(内圓外方墳)의 흔적이다.

석촌동 4호분과 2호분을 북쪽에서 바라본 모습. 4호분은 원래 흙으로 만든 무덤을 밑변 길이 17m의 방형 기단식적석총으로 만든 것이며, 2호분은 흙과 돌을 함께 쌓아서 17.4m×16.2m×3.8m 크기의 3층 기단식적석총을 만든 것이다.

이에 목협만치(木劦滿致)·조미걸취(祖彌桀取)【목협(木劦)과 조미(祖彌)는 모두 두 글자로 된 성인데, 『수서(隋書)』에서는 목협(木劦)을 두 개의 성이라고 하였다. 어느 쪽이 옳은지 모르겠다】와 함께 남쪽으로 갔다.

석촌동고분군에서 출토된 금제 귀걸이와 장식들.(서울대학교박물관) 대부분 무덤이 파괴된 상태에서 발견되었는데, 모두 백제 때의 최고급 사치품으로서 석촌동고분군이 백제 최고위 지배층의 무덤임을 입증한다.

이때에 이르러 고구려의 대로(對盧)인 제우(齊于)·재증걸루(再曾桀婁)·고이만년(古尒萬年)【재증(再曾)과 고이(古尒)는 모두 두 글자로 된 성이다】등이 군사를 이끌고 와서 북성(北城)을 공격하여 7일 만에 빼앗고 옮겨서 남성(南城)을 공격하니 성안이 위태롭고 두려워하였다. 왕이 나가서 도망하자 고구려 장수인 걸루(桀婁) 등이 왕을 보고 말에서 내려 절한 다음에 왕의 얼굴을 향해 세 번 침을 뱉고는 그 죄를 하나씩 말하였다. 포박하여 아차성(阿且城) 아래로 보내 죽

였다. 걸루와 만년은 백제 사람이었는데, 죄를 짓고 고구려로 도망
간 것이다.

사론(史論): 초(楚)나라의 명왕(明王)이 도망하였다. 운공(鄖公) 신(辛)
의 아우인 회(懷)가 왕을 죽이려 하면서 말하길 "평왕(平王)이 내 아
버지를 죽였으니 내가 그 아들을 죽이는 것이 또한 옳지 않습니
까?"라고 하였다. 신(辛)이 말하길 "임금이 신하를 치는데 누가 감
히 복수하겠는가. 임금의 명령은 하늘이다. 만약 하늘의 명령에 죽

몽촌토성을 북쪽에서 내려다본 항공사진(문화재청). 오른쪽 마름모꼴로 생긴 것이 몽촌토성으로서,
성벽 둘레는 2,285m이다. 왼쪽 아래의 길쭉한 나무숲은 외성(外城)인데, 둘레 270m의 성벽이 있
었다고 하지만, 지금은 흔적을 찾기 어렵다.

었다면 장차 누구에게 복수하려는가?"라고 하였다. 걸루 등은 스스로 죄가 나라에 용납되지 못하자 적병을 인도하여 예전 임금을 묶고 살해하였으니 그 의롭지 못함이 심하다. "그러면 오자서(伍子胥)가 영(郢)에 들어가서 시체에 채찍질한 것은 어떠한가?"라고 물으면 『양자법언(楊子法言)』에서 이를 평하여 덕으로 한 일이 아니라고

몽촌토성의 1972년도 위성사진.(서울역사박물관) 몽촌토성은 한성(漢城)의 북성(北城)과 남성(南城) 중 남성으로 추정된다.

1985년에 이루어진 몽촌토성 시굴 광경.(서울대학교박물관) 올림픽 경기장과 공원 건설이라는 국가사업에 밀려 쫓기듯 이루어진 시험 발굴이었다.

올림픽공원을 내려다본 위성사진.(국민체육진흥공단) 몽촌토성 주변에 거대한 체육시설이 들어서고, 성벽을 산책로로 이용하며 나무를 많이 심어놓은 탓에 원래 모습을 찾아보기는 어렵다.

1985년 올림픽공원을 조성하던 때의 몽촌토성(서울대학교박물관). 아직 토성을 조사도 하지 않은 상태인데, 주변에 체육시설을 세우고 있다. 아래쪽의 원형경기장은 경륜장이다.

몽촌토성 안에 있는 수혈주거지 전시관 내부(서울역사박물관). 1987년에 몽촌토성 안 동북지구에서 발견된 백제 때의 움집을 전시하고 있다.

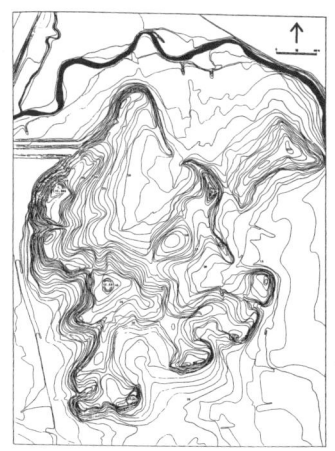

몽촌토성 성벽 및 주변 지형을 나타낸 측량도(1985년 서울대학교박물관 작성). 지금의 몽촌토성 주변 환경과는 조금 다르다. 토성 북쪽의 동쪽에서 서쪽으로 흐르는 하천은 성내천이다.

하였는데, 이른바 덕이란 어짊과 의로움일 뿐이니 자서(子胥)의 사나움은 운공(鄖公)의 어짊만 같지 못하다"고 하겠다. 이로써 논하건대 걸루 등이 의롭지 못하다는 것은 명백하다.

『삼국사기』 제26권 「백제본기」 제4권

22. 문주왕(文周王)

【문주(汶洲)로도 쓴다】개로왕의 아
들이다. 처음에 비유왕이 죽고 개로
가 왕위를 잇자, 문주가 보필하여 지
위가 상좌평에 이르렀다. 개로의 재
위 21년에 고구려가 쳐들어와서 한
성을 에워쌌다. 개로는 성문을 닫고
자기가 굳게 지키면서 문주에게는
신라에 구원을 요청하라고 하였다.
군사 1만 명을 얻어 돌아오니, 고구
려 군사는 비록 물러났으나 성이 파
괴되고 왕은 이미 죽었으므로 마침
내 왕위에 올랐다. 성품이 부드럽고

아차산의 고구려보루 분포도(서울대학교박
물관). 한강 북쪽의 아차산과 용마산 능선에
줄지어 늘어서 있는데, 지금까지 적어도 13
개의 보루가 확인되었다.

충남 공주시의 공산성(公山城)을 내려다본 항공사진(사적 제12호: 문화재청). 금강 남쪽의 공산(해발 110m) 꼭대기를 중심으로 능선을 따라 성벽을 쌓았는데, 백제 때 흙으로 대략 2,450m 정도의 성벽을 쌓았다가 고려·조선왕조를 거치면서 돌로 다시 쌓았다. 지금 남아있는 성벽 둘레는 약 2,660m이다.

결단력이 없었으나 백성들을 사랑했으므로 백성들도 그를 사랑했다.

겨울 10월에 도읍을 웅진(熊津)으로 옮겼다.

2년(丙辰, 476) 봄 2월에 대두산성(大豆山城)을 수리하고 한강 북쪽의 민가를 옮겼다.

3월에 사신을 송(宋)나라로 보내 조공하려 했으나 고구려가 길을 막아 도달하지 못하고 돌아왔다.

여름 4월에 탐라국(耽羅國)이 토산물을 바치니 왕이 기뻐하여 사자

구의동보루의 원래 모습을 상상한 그림(서울대학교박물관). 직경 14.8m, 둘레 46m 크기의 둥근 축대 위에 온돌과 물탱크를 갖춘 군대 막사가 서있었을 것으로 추정된다. 이곳에서 고구려 유물이 많이 출토되었다.

서울시 광진구 구의동에 있던 고구려보루(1977, 서울대학교박물관). 조사하던 당시에는 어떤 유적인지 잘 몰랐으나, 나중에 고구려 보루로 밝혀졌다. 지금은 파괴되어 남아있지 않다.

를 은솔(恩率)로 삼았다.

가을 9월에 해구(解仇)를 병관좌평으로 삼았다.

3년(丁巳, 477) 봄 2월에 궁실을 손질하여 고쳤다.

여름 4월에 왕의 아우 곤지(昆支)를 내신좌평으로 삼고, 맏아들 삼근(三斤)을 태자로 삼았다.

구의동보루에서 발견된 시루와 솥(서울대학교박물관). 시루는 토기이고, 솥은 철기이다. 구의동보루에서는 400여 점에 달하는 고구려 토기와 1천여 점 이상의 무기가 출토되었다.

5월에 검은 용이 웅진(熊津)에 나타났다.

가을 7월에 내신좌평 곤지가 죽었다.

4년(479) 가을 8월에 병관좌평 해구가 권세를 마음대로 휘두르고 법

아차산 제4보루의 원래 모습을 상상한 그림(서울대학교박물관). 타원형을 이루는 성벽 안쪽에 7개의 건물을 세웠으며, 동쪽과 서쪽 성벽에는 각각 1개씩 치(雉)를 설치하였다. 이곳에서 토기, 무기, 농·공구 등 많은 유물이 출토되었다.

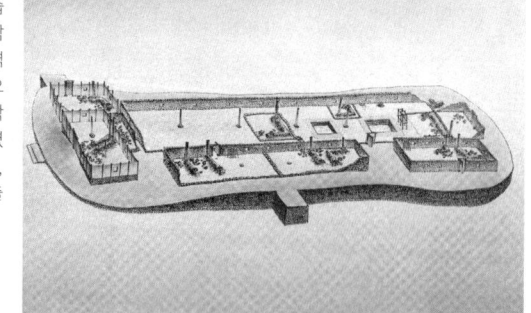

아차산 제4보루의 건물 배치를 상상한 그림(서울대학교박물관). 규모가 가장 큰 3호 건물지 안에는 온돌방 3개와 물탱크 2개가 있고, 건물 바깥 북서쪽에는 간이대장간 시설도 있었다.

을 어지럽히며 왕을 무시하는 마음이 있으나 왕이 제어하지 못했다.

아차산의 남쪽 해발 116m 구릉 정상부에 위치한 홍련봉 제1보루(서울대학교박물관). 구릉의 꼭대기를 편평하게 깎아 다듬고 타원형 둘레에 돌을 쌓았는데, 둘레가 147m이다. 고구려기와가 발견되었다.

아차산의 해발 285m 지점 능선에 위치한 제4보루의 7호 온돌과 8호 온돌(서울대학교박물관). 1997~1998년에 발굴 조사하였는데, 보루의 둘레는 210m, 석축 높이는 4m이다.

고구려의 기병(騎兵). 무덤 안벽에 그려진 그림을 합성한 것인데, 위의 군사들이 행진하는 장면은 평양 덕흥리고분의 벽화이고, 아래 성벽과 2명의 말 탄 군사가 싸우는 장면은 중국 지안[集安]의 삼실총의 벽화이다.

9월에 왕이 사냥 나가 밖에서 묵었는데, 해구가 도적을 시켜 살해하니, 마침내 죽었다.

고구려의 보병(步兵). 황해도의 안악3호분 안벽에 그려진 행렬도의 한 부분이다. 4세기 중엽 무장한 고구려 군사의 모습을 잘 보여준다.

23. 삼근왕(三斤王)

【임걸(壬乞)이라고도 부른다】 문주왕의 맏아들이다. 왕이 죽자 왕위를
이었는데, 나이가 13세였다. 군사 업무와 정치를 모두 좌평 해구에게
맡겼다.

2년(戊午, 478) 봄에 좌평 해구가 은솔 연신(燕信)과 함께 무리를 모아
대두성(大豆城)을 근거로 반란을 일으켰다. 왕이 좌평 진남(眞男)에
게 명해 군사 2천 명으로 토벌하려 하였으나 이기지 못했다. 다시
덕솔 진로(眞老)에게 명해 정예 군사 5백 명을 이끌고 가서 해구를
쳐서 죽였다. 연신은 고구려로 달아났는데, 그 처자를 잡아다가 웅
진 저자에서 목을 베었다.

사론(史論):『춘추(春秋)』의 법에 임금이 시해되었는데도 역적을 토벌
하지 않으면 깊이 꾸짖어 신하된 사람이 없다고 하였다. 해구가 문
주를 죽이고 그 아들 삼근이 왕위를 이었음에도 단지 그를 죽이지
못했을 뿐 아니라 또 국정을 맡겼다가 한 성(城)을 근거로 반란을
일으킨 뒤에야 두 번이나 군사를 크게 일으켜 이겼다. 이른바 서리
를 밟으면서 경계하지 않으면 점차 단단한 얼음이 되고, 반짝이는
불똥을 끄지 않으면 활활 타오르는 불꽃이 된다고 하는데, 그 일이
생기는 것은 점차적인 것이다. 당(唐)나라 헌종(憲宗)이 시해되고 3
대가 지나서야 가까스로 그 역적을 죽일 수 있었다. 하물며 바다 모
퉁이의 궁벽한 곳에 사는 삼근과 같은 어린아이에게야 또한 어찌

말할 나위가 있으랴?!

3월 초하루 기유(己酉)날에 일식이 일어났다.

3년(己未, 479) 봄과 여름에 크게 가물었다.

가을 9월에 대두성을 두곡(斗谷)으로 옮겼다.

겨울 11월에 왕이 죽었다.

24. 동성왕(東城王)

이름은 모대(牟大)[마모(摩牟)로도 쓴다]이며, 문주왕의 아우인 곤지의 아들이다. 담력이 남보다 뛰어나고 활을 잘 쏘아 백발백중이었다. 삼근왕이 죽자 왕위에 올랐다.

4년(壬戌, 482) 봄 정월에 진로(眞老)를 병관좌평으로 삼고, 중앙과 지방의 군사 업무를 아울러 맡겼다.

가을 9월에 말갈이 한산성(漢山城)을 습격해 깨뜨리고 3백여 집을 사로잡아 돌아갔다.

겨울 10월에 큰 눈이 내려 한 길[丈] 남짓 쌓였다.

5년(癸亥, 483) 봄에 왕이 사냥하러 나가서 한산성에 이르러 군사와 백성을 어루만지며 위문하고 열흘이 지나 돌아왔다.

여름 4월에 웅진 북쪽에서 사냥하여 신령스러운 사슴을 잡았다.

6년(甲子, 484) 봄 2월에 왕이 남제(南齊)의 태조 도성(道成)이 고구려 거련(巨璉)을 표기대장군(驃騎大將軍)에 책봉했다는 말을 듣고 사신

충남 공주시에 위치한 송산리고분군(문화재청). 송산(宋山)의 중턱 남쪽 경사면에 7기의 무덤이 남아있는데, 모두 굴식[橫穴式] 돌방무덤[石室墳]이거나 벽돌무덤[塼築墳]이다. 웅진시대의 왕실 묘역으로 추정된다.

을 보내 표(表)를 올리며 복속되기를 청해 받아들여졌다.

가을 7월에 내법좌평 사약사(沙若思)를 남제로 보내 조공하려 했으나, 약사(若思)가 서해 바다에서 고구려 군사를 만나 가지 못했다.

7년(乙丑, 485) 여름 5월에 사신을 신라로 보내 예방하였다.

8년(丙寅, 486) 봄 2월에 백가(苩加)를 위사좌평으로 삼았다.

3월에 사신을 남제로 보내 조공하였다.

가을 7월에 궁실을 손질하여 고치고, 우두성(牛頭城)을 쌓았다.

겨울 10월에 궁궐 남쪽에서 크게 사열하였다.

10년(戊辰, 488) 위(魏)나라가 군사를 보내 쳐들어왔으나 우리에게 졌다.

11년(己巳, 489) 가을에 크게 풍년이 들었다. 나라 남쪽 바닷가 마을 사람이 이삭이 합쳐진 벼를 바쳤다.

　　겨울 10월에 왕이 제단을 만들고 하늘과 땅에 제사지냈다.

　　11월에 남당(南堂)에서 신하들에게 잔치를 베풀었다.

12년(庚午, 490) 가을 7월에 북부(北部) 사람으로 나이 15세 이상을 징발하여 사현성(沙峴城)과 이산성(耳山城)을 쌓았다.

　　9월에 왕이 나라 서쪽의 사비(泗沘) 벌판에서 사냥하였다. 연돌(燕突)을 달솔로 삼았다.

　　겨울 11월에 얼음이 얼지 않았다.

13년(辛未, 491) 여름 6월에 웅천(熊川)의 물이 불어나서 왕도(王都)의 민가 2백여 채가 떠내려가고 물에 잠겼다.

　　가을 7월에 백성들이 굶주려 신라로 도망간 자가 600여 집이나 되었다.

14년(壬申, 492) 봄 3월에 눈이 내렸다.

　　여름 4월에 바람이 세게 불어 나무가 뽑혔다.

　　겨울 10월에 왕이 우명곡(牛鳴谷)에서 사냥하여 손수 사슴을 쏘아 맞혔다.

15년(癸酉, 493) 봄 3월에 왕이 신라로 사신을 보내 혼인을 청하였다.

신라 왕이 이찬(伊湌) 비지(比智)의 딸을 시집보냈다.

16년(甲戌, 494) 가을 7월에 고구려와 신라가 살수(薩水) 벌판에서 싸웠는데, 신라가 이기지 못하고 물러나 견아성(犬牙城)을 지키자 고구려가 에워쌌다. 왕이 군사 3천 명을 보내 구원하여 포위를 풀어 주었다.

17년(乙亥, 495) 여름 5월 초하루 갑술(甲戌) 날에 일식이 일어났다.

가을 8월에 고구려가 와서 치양성(雉壤城)을 에워쌌다. 왕이 사신을 신라로 보내 구원을 요청하였다. 신라 왕이 장군 덕지(德智)에게 명해 군사를 이끌고 구원하게 하니 고구려 군사가 물러나 돌아갔다.

19년(丁丑, 497) 여름 5월에 병관좌평 진로가 죽자, 달솔 연돌을 병관좌평으로 삼았다.

여름 6월에 큰 비가 와서 백성들의 집이 떠내려가고 무너졌다.

20년(戊寅, 498) 웅진교(熊津橋)를 세웠다.

가을 7월에 사정성(沙井城)을 쌓고 한솔 비타(毗陀)에게 지키라 하였다.

8월에 왕은 탐라(耽羅)가 공물과 조세를 바치지 않자 직접 정벌하려고 무진주(武珍州)에 이르렀다. 탐라가 듣고 사신을 보내 죄를 빌자 이내 그만두었다.【탐라는 곧 탐모라(耽牟羅)이다】

21년(己卯, 499) 여름에 크게 가물었다. 백성들이 굶주려 서로 잡아먹고 도적이 많이 일어났다. 신하들이 창고를 열어 가난한 백성을 돕자고 청하였으나 왕이 듣지 않았다. 한산(漢山) 사람으로서 고구려로 도망간 자가 2천 명이었다.

겨울 10월에 전염병이 크게 돌았다.

22년(庚辰, 500) 봄에 궁궐 동쪽에 임류각(臨流閣)을 세웠는데, 높이가 5장(丈)이었다. 또 연못을 파고 진기한 새를 길렀다. 옳은 말로 간언하는 신하가 상소하였으나 대답하지 않고, 다시 간언하는 자가 있을까 걱정해 궁궐 문을 닫았다.

사론(史論): 좋은 약은 입에 쓰지만 병에는 이로우며, 바른 말은 귀에 거슬리지만 품행에는 이롭다. 그래서 옛날의 현명한 임금은 자기를 겸허하게 하여 정치를 묻고, 얼굴을 부드럽게 하고서 간언을 받아들였으며, 오히려 사람들이 말을 하지 않을까 걱정하여 감히 간언하는 북을 걸어놓고 비방하는 나무를 세워 마지않았다. 지금 모대왕(牟大王)은 간언하는 글을 올려도 살펴보지 않고, 또 문을 닫아서 막았다. 장자(莊子)가 말하길 "허물을 보고도 고치지 않고 간언을 듣고도 더욱 심해지는 것을 사납다고 한다"고 하였는데, 아마도 모대왕과 같은 이를 가리킨 것이리라.

여름 4월에 우두성에서 사냥하다가 우박이 내리자 그만 두었다.

5월에 가물었다. 왕이 가까운 신하들과 임류각에서 잔치를 베풀어 밤새도록 환락을 다하였다.

23년(辛巳, 501) 봄 정월에 왕도의 늙은 할멈이 여우가 되어 사라졌다. 범 두 마리가 남산(南山)에서 싸웠는데, 잡으려 했으나 잡지 못하였다.

3월에 서리가 내려 보리를 해쳤다.

여름 5월부터 가을까지 비가 오지 않았다.

7월에 탄현(炭峴)에 목책을 세워서 신라의 침입에 대비하였다.

8월에 가림성(加林城)을 쌓고 위사좌평 백가(苩加)에게 지키라고 하였다.

겨울 10월에 왕이 사비(泗沘)의 동쪽 벌판에서 사냥하였다.

11월에 웅천(熊川)의 북쪽 벌판에서 사냥하였다. 또 사비의 서쪽 벌판에서 사냥하다가 큰 눈에 막혀 마포촌(馬浦村)에서 묵었다. 처음에 왕이 백가에게 가림성을 지키라고 하였는데, 백가는 가고 싶지 않아서 아프다며 사양하였으나 왕이 허락하지 않았다. 이 때문에 왕을 원망하다가 이때 사람을 시켜 왕을 칼로 찔렀다. 12월에 이르러 죽으니, 시호를 동성왕(東城王)이라고 하였다. 『책부원귀(冊府元龜)』에 이런 기록이 있다. "남제(南齊)의 건원(建元) 2년에 백제 왕모도(牟都)가 사신을 보내 공물을 바치니 조서를 내려 '보배로운 명령이 새로워 은택이 먼 곳까지 미쳤다. 모도는 대대로 동쪽의 번국으로서 멀리서 직분을 지키니 사지절(使持節) 도독백제제군사(都督百濟諸軍事) 진동대장군(鎭東大將軍)을 줄 만하다'고 하였다. 또, 영명(永明) 8년에 백제 왕 모대(牟大)가 사신을 보내 표를 올렸다. 알자복야(謁者僕射) 손부(孫副)를 보내 모대를 책봉하였는데, 죽은 할아버지 모도의 작호를 잇게 하고 백제왕으로 삼았다. '아아! 그대는 대대로 충성과 근면을 이어받아 정성이 멀리서도 드러나니 바닷

길이 조용하고 맑아져 조공을 바침에 변함이 없도다. 떳떳한 법전에 따라 천명을 이어가도록 경계하고 조심할지어다. 아름다운 위업을 삼가 따르는 것이니 삼가지 않을 수 있으랴. 행도독백제제군사(行都督百濟諸軍事) 진동대장군(鎭東大將軍) 백제왕(百濟王)으로 삼는다'고 말하였다. 그러나 삼한고기(三韓古記)에는 모도(牟都)가 왕이 된 사실이 없다. 또, 살피건대 모대는 개로왕의 손자이며, 개로의 둘째 아들인 곤지의 아들인데, 그 할아버지를 모도라고 하지 않았으니 제서(齊書)에 실린 것은 의심하지 않을 수 없다.】

25. 무령왕(武寧王)

이름은 사마(斯摩)【융(隆)이라고도 한다】이며, 모대왕(牟大王)의 둘째 아들이다. 키가 8척(尺)이고 눈매가 그림 같았으며, 어질고 너그러워 민심이 따랐다. 모대가 재위 23년에 죽자 왕위에 올랐다.

봄 정월에 좌평 백가(苩加)가 가림성을 근거로 반란을 일으켰다. 왕이 군사를 이끌고 우두성(牛頭城)에 이르러 한솔 해명(解明)에게 명령해 토벌하였다. 백가가 나와 항복하자 왕이 목 베고 백강(白江)에 던져버렸다.

사론(史論): 『춘추(春秋)』에 이르길 "남의 신하된 자는 반역하지 말아야 하고, 반역하면 반드시 죽여야 한다"고 하였다. 백가와 같은 흉악한 역적은 하늘과 땅이 용납하지 않는 것인데, 곧장 죄를 주지 않

고 이때에 이르러 스스로 면하기 어려움을 알고 반란을 꾀한 뒤에
야 죽였으니 늦었다.

겨울 11월에 달솔 우영(優永)을 보내 군사 5천 명을 이끌고 고구려
의 수곡성을 습격하였다.

2년(壬午, 502) 봄에 백성들이 굶주리고 또한 전염병이 돌았다.

겨울 11월에 군사를 보내 고구려의 변경을 쳤다.

3년(癸未, 503) 가을 9월에 말갈이 마수책(馬首柵)을 불태우고 고목성
(高木城)으로 나아가 공격하였다. 왕이 군사 5천 명을 보내 쳐서 물
리쳤다.

겨울에 얼음이 얼지 않았다.

6년(丙戌, 506) 봄에 전염병이 크게 돌았다.

3월부터 5월까지 비가 오지 않아서 강과 연못이 마르고 백성들이
굶주리자 창고를 열어 가난한 백성을 도왔다.

가을 7월에 말갈이 쳐들어와서 고목성을 깨뜨리고 6백여 명을 죽이
거나 사로잡았다.

7년(丁亥, 507) 여름 5월에 고목성 남쪽에 목책 2개를 세웠다. 또, 장
령성(長嶺城)을 쌓아 말갈에 대비하였다.

겨울 10월에 고구려의 장수 고로(高老)가 말갈과 모의하여 한성(漢
城)을 공격하려고 횡악(橫岳) 아래로 와서 주둔하였는데, 왕이 군사
를 내어 싸워서 물리쳤다.

10년(庚寅, 510) 봄 정월에 명령을 내려 제방을 튼튼히 하고 중앙과 지

방에서 놀고먹는 자들을 몰아 농사짓게 하였다.

12년(壬辰, 512) 여름 4월에 사신을 양(梁)나라로 보내 조공하였다.

가을 9월에 고구려가 가불성(加弗城)을 습격해 빼앗고 군사를 옮겨 원산성(圓山城)을 깨뜨렸는데, 죽이고 약탈한 것이 매우 많았다. 왕이 용맹스러운 기병 3천 명을 이끌고 위천(葦川)의 북쪽에서 싸웠다. 고구려 사람들이 왕의 군사가 적은 것을 보고 만만히 여겨 진(陣)을 치지 않자 왕이 기묘한 계책으로 급히 쳐서 크게 깨뜨렸다.

16년(丙申, 516) 봄 3월 초하루 무진(戊辰)날에 일식이 일어났다.

21년(辛丑, 521) 여름 5월에 홍수가 났다.

가을 8월에 메뚜기가 곡식을 해쳤다. 백성들이 굶주려 신라로 도망간 자가 900집이었다.

겨울 11월에 사신을 양(梁)나라로 보내 조공하였다. 이에 앞서 고구려에게 격파되어 쇠약해진 지가 여러 해였는데, 이때에 이르러 표를 올려 "고구려를 여러 번 깨뜨리고 비로소 우호를 통하였으며 다시 강한 나라가 되었다"고 일컬었다.

12월에 고조(高祖)가 조서를 내려 왕을 책봉하면서 "행도독백제제군사(行都督百濟諸軍事) 진동대장군(鎭東大將軍) 백제왕(百濟王) 여융(餘隆)은 해외에서 번국을 지키며 먼 곳에서 공물을 바쳐 그 정성이 이르니 짐이 가상히 여긴다. 마땅히 옛 법을 좇아 영예로운 작호를 주려 하니 사지절(使持節) 도독백제제군사(都督百濟諸軍事) 영동대장군(寧東大將軍)이 알맞다"고 하였다.

1971년 송산리고분군에서 우연히 발견된 무령왕릉의 내부 모습(문화재청). 화려한 문양의 벽돌로 정교하게 만든 벽돌무덤이다. 안에서는 각종 유물과 함께 묘지석(墓誌石)이 발견되어 무령왕이 죽은 시점과 사마왕(斯麻王)으로 불린 사실을 전해주었다.

22년(壬寅, 522) 가을 9월에 왕이 호산(狐山)의 벌판에서 사냥하였다.

겨울 10월에 지진이 일어났다.

23년(癸卯, 523) 봄 2월에 왕이 한성(漢城)으로 행차하여 좌평 인우(因友), 달솔 사오(沙烏) 등에게 명령해 한강 북쪽의 주(州)·군(郡) 주민으로서 15세 이상을 징발하여 쌍현성(雙峴城)을 쌓았다.

3월에 한성에서 돌아왔다.

여름 5월에 왕이 죽었다. 시호를 무령(武寧)이라고 하였다.

26. 성왕(聖王)

이름은 명농(明禯)이며, 무령왕의 아들이다. 지혜와 식견이 빼어나고 일을 잘 결단하였다. 무령왕이 죽자 왕위를 이었다. 나라 사람들이 성왕(聖王)이라 일컬었다.

가을 8월에 고구려 군사가 패수(浿水)에 이르렀다. 왕이 좌장 지충(志忠)에게 명하여 보병과 기병 1만 명을 이끌고 나가 싸워 물리쳤다.

2년(甲辰, 524) 양(梁)나라 고조(高祖)가 조서를 내려 왕을 사지절(使持節) 도독백제제군사(都督百濟諸軍事) 수동장군(綏東將軍) 백제왕(百濟王)에 책봉하였다.

3년(乙巳, 525) 봄 2월에 신라와 서로 사신을 교환하였다.

4년(丙午, 526) 겨울 10월에 웅진성(熊津城)을 수리하고 사정책(沙井柵)을 세웠다.

7년(己酉, 529) 겨울 10월에 고구려 왕 흥안(興安)이 직접 군사를 이끌고 쳐들어와 북쪽 변경의 혈성(穴城)을 빼앗았다. 좌평 연모(燕謨)에게 명하여 보병과 기병 3만 명을 거느리고 오곡(五谷)의 벌판에서 막아 싸웠으나 이기지 못하였다. 죽은 자가 2천여 명이었다.

10년(壬子, 532) 가을 7월 갑진(甲辰) 날에 별이 비 오듯 떨어졌다.

12년(甲寅, 534) 봄 3월에 사신을 양(梁)나라로 보내 조공하였다. 여름 4월 정묘(丁卯) 날에 형혹성(熒惑星)이 남두성(南斗星) 별자리를 침범하였다.

16년(戊午, 538) 봄에 사비(泗沘)【다른 이름은 소부리(所夫里)이다】로 도읍을 옮기고, 나라 이름을 남부여(南扶餘)라고 하였다.

18년(庚申, 540) 가을 9월에 왕이 장군 연회(燕會)에게 명하여 고구려

백마강(금강 하류의 별칭)의 남쪽에 위치한 부소산성(扶蘇山城)과 그 남쪽의 부여군 시가지(문화재청). 성벽은 대개 흙으로 쌓은 토성이거나 돌을 쌓고 흙으로 덮은 형태인데, 산봉우리만 좁게 감싼 테뫼식 산성 2개를 주변의 계곡까지 포함한 포곡식 산성이 감싸고 있다. 포곡식 산성의 둘레는 대략 2.2km이며, 성안 면적은 983,598㎡라고 한다. 부소산성(사적 제5호)은 근래의 이름이며, 사비성(泗沘城)·소부리성(所夫里城) 등으로 기록되어 있다.

의 우산성(牛山城)을 공격케 하였는데 이기지 못했다.

19년(辛酉, 541) 왕이 사신을 양나라로 보내 조공하였다. 아울러 표를 올려 모시박사(毛詩博士)와 열반경(涅槃經) 등의 경의(經義), 그리고 기술자·화가 등을 요청해 허락 받았다.

25년(丁卯, 547) 봄 정월 초하루 기해(己亥) 날에 일식이 일어났다.

26년(戊辰, 548) 봄 정월에 고구려 왕 평성(平成)이 예(濊)와 모의하여 한강 북쪽의 독산성(獨山城)을 공격하였다. 왕이 사신을 보내 신라에게 구원을 요청하니, 신라 왕이 장군 주진(朱珍)에게 명하여 갑옷을 입은 군사 3천 명을 거느리고 가게 하였다. 주진이 밤낮으로 걸어가서 독산성 아래에 이르러 고구려 군사와 싸워 한 번에 크게 깨뜨렸다.

27년(己巳, 549) 봄 정월 경신(庚申) 날에 흰 무지개가 해를 꿰뚫었다. 겨울 10월에 왕이 양나라 수도에서 반란이 일어난 줄 모르고 사신을 보내 조공하였다. 사신이 이르러 이미 성과 궁궐이 황폐하고 허물어진 것을 보고 모두 단문(端門) 밖에서 소리 내어 우니, 길 가다가 본 사람 중에 눈물 흘리지 않는 이가 없었다. 후경(侯景)이 듣고 크게 노해 잡아 가두었는데, 후경의 난이 평정되고서야 바야흐로 나라에 돌아올 수 있었다.

28년(庚午, 550) 봄 정월에 왕이 장군 달기(達己)를 보내 군사 1만 명을 거느리고 고구려의 도살성(道薩城)을 쳐서 빼앗았다.

3월에 고구려 군사가 금현성(金峴城)을 에워쌌다.

31년(癸酉, 553) 가을 7월에 신라가 동북쪽 변경을 빼앗고 신주(新州)를 설치하였다.

겨울 10월에 왕의 딸이 신라로 시집갔다.

32년(甲戌, 554) 가을 7월에 왕이 신라를 습격하려고 직접 보병과 기병 50명을 이끌고 밤에 구천(狗川)에 이르렀는데, 신라의 복병이 일어나자 싸우다가 잡다한 군사에게 해침을 당해 죽었다. 시호를 성(聖)이라고 하였다.

『삼국사기』 제27권 「백제본기」 제5권

27. 위덕왕(威德王)

이름은 창(昌)이며, 성왕의 맏아들이다. 성왕이 재위 32년에 죽자, 왕위를 이었다.

원년(甲戌, 554) 겨울 10월에 고구려가 크게 군사를 일으켜 웅천성(熊川城)을 공격해왔다가 패배하고 돌아갔다.

6년(己卯, 559) 여름 5월 초하루 병진(丙辰) 날에 일식이 일어났다.

8년(辛巳, 561) 가을 7월에 군사를 보내 신라의 변경을 침략하였다. 신라 군사가 나가 쳐서 졌는데, 죽

충남 부여군 부여읍 능산리의 나성 동쪽에 위치한 능산리고분군(사적 제14호). 현재 왕릉급으로 보이는 7기가 남아 있는데, 모두 굴식 돌방무덤[橫穴式石室墳]이다. 나성과 고분군 사이에서는 근래 대규모 능사(陵寺)가 발견, 조사되었다.

능산리고분군은 일제 때 간단한 조사를 거친 뒤 나중에 다시 단장하였다(문화재청). 백제의 돌방무덤은 산기슭의 경사면을 살짝 파서 반지하식으로 무덤방을 만들기 때문에 신라와 달리 봉분이 낮은 것이 특징인데, 능산리고분군을 단장할 때 이런 특징을 무시하고 지나치게 봉분을 높였다는 지적이 있다.

은 자가 1천여 명이었다.

14년(丁亥, 567) 가을 9월에 사신을 진(陳)나라로 보내 조공하였다.

17년(庚寅, 570) 고씨(高氏)의 제(齊)나라 후주(後主)가 왕을 사지절(使持節) 시중(侍中) 거기대장군(車騎大將軍) 대방군공(帶方郡公) 백제왕(百濟王)으로 삼았다.

18년(辛卯, 571) 고씨의 제나라 후주가 또 왕을 사지절 도독동청주제군사(都督東靑州諸軍事) 동청주자사(東靑州刺史)로 삼았다.

19년(壬辰, 572) 사신을 제(齊)나라로 보내 조공하였다.

가을 9월 초하루 경자(庚子)날에 일식이 일어났다.

24년(丁酉, 577) 가을 7월에 사신을 진(陳)나라로 보내 조공하였다.

겨울 10월에 신라의 서쪽 변경 주(州)·군(郡)을 치자 신라의 이찬(伊湌) 세종(世宗)이 군사를 이끌고 쳐서 깨뜨렸다.

11월에 사신을 우문씨(宇文氏)의 주(周)나라로 보내 조공하였다.

25년(戊戌, 578) 사신을 우문씨의 주나라로 보내 조공하였다.

26년(己亥, 579) 겨울 10월에 살별이 하늘에 뻗쳤다가 20일만에 사라졌다. 지진이 일어났다.

능산리 1호분의 내부 모습(문화재청). 능산리 1호분은 고분군의 아랫줄 맨 오른쪽에 있기 때문에 동하총(東下塚)이라고도 한다. 편마암을 판자처럼 잘라 매끈하게 물갈이한 다음 정연하게 짜맞춘 돌방무덤[石室墳]인데, 무덤 안 네 벽에는 사신도(四神圖)를 그려놓았다.

28년(辛丑, 581) 왕이 사신을 수(隋)나라로 보내 조공하였다. 수나라의 고조(高祖)가 조서를 내려 왕을 상개부의동삼사(上開府儀同三司) 대방군공(帶方郡公)으로 삼았다.

29년(壬寅, 582) 봄 정월에 사신을 수(隋)나라로 보내 조공하였다.

31년(甲辰, 584) 겨울 11월에 사신을 진(陳)나라로 보내 조공하였다.

33년(丙午, 586) 사신을 진(陳)나라로 보내 조공하였다.

36년(己酉, 589) 수(隋)나라가 진(陳)나라를 평정하였다. 전투선 1척이 탐모라국(耽牟羅國)까지 떠내려왔다. 그 배가 돌아가려고 나라 경계를 지나니, 왕이 필요한 물자를 매우 후하게 보내고 아울러 사신을 보내 표를 올려 진(陳)나라를 평정한 것을 축하하였다. 고조(高祖)가 좋아하며 조서를 내려 "백제 왕이 벌써 진나라를 평정한 것을 듣고 멀리서 표를 올렸다. 오고 가는 것이 지극히 어려워서 만약 풍랑을 만나면 곧 상하고 파손되는데, 백제 왕의 마음씨가 순박하고 지극함은 짐이 이미 잘 알고 있다. 서로 떨어진 거리가 비록 멀지만 사정이 얼굴을 맞대고 말하는 것과 같으니 어찌하여 꼭 자주 사신을 보내야 하겠는가? 와서 서로 자세히 알았으니 지금 이후로는 해마다 따로 조공할 필요가 없으며, 짐도 또한 사신을 보내지 않을 것이니 왕은 마땅히 알지어다"라고 하였다.

39년(壬子, 592) 가을 7월 그믐 임신(壬申) 날에 일식이 일어났다.

41년(甲寅, 594) 겨울 11월 계미(癸未)날에 살별이 각(角)·항(亢) 별자리에 나타났다.

45년(戊午, 598) 가을 9월에 왕이 장사(長史) 왕변나(王辯那)를 시켜 수(隋)나라에 조공하였다. 왕이 수나라가 요동(遼東)에서 전쟁을 일으킨다는 것을 듣고 사신을 보내 표를 올려 군대의 길잡이가 되기를 청하였다. 황제가 조서를 내려 말하길 "왕년에 고구려가 조공을 하지 않고 신하로서의 예의도 없었기 때문에 장수들에게 토벌하라고 명하였으나, 고원(高元)과 그 신하들이 두려워하며 복종하고 죄를 달게 받기에 짐이 이미 용서하였으니 정벌할 수 없다"고 하였다. 우리 사신을 두텁게 대접하고 돌려보냈다. 고구려가 그 사실을 알아채고 군사로 국경을 침략하였다.

겨울 12월에 왕이 죽으니, 여러 신하들이 의논하여 시호를 위덕(威德)이라 하였다.

28. 혜왕(惠王)

이름은 계(季)이며, 명왕(明王)의 둘째 아들이다. 창왕(昌王)이 죽자 왕위에 올랐다.

2년(己未, 599) 왕이 죽었다. 시호를 혜(惠)라고 하였다.

29. 법왕(法王)

이름은 선(宣)【효순(孝順)이라고도 부른다】이며, 혜왕의 맏아들이다. 혜왕이 죽자 아들 선(宣)이 왕위를 이었다.【『수서(隋書)』에서는 선(宣)을 창왕의 아들이라고 하였다】

겨울 12월에 명령을 내려 살생을 금지시키고 민가에서 기르는 매와

새매를 거두어 놓아주고 고
기 잡고 사냥하는 도구들을
불태우게 하였다.

2년(庚申, 600) 봄 정월에 왕흥
사(王興寺)를 창건하고 30명
이 승려 되는 것을 허가하였
다. 크게 가물자 왕이 칠악사
(漆岳寺)로 행차해 비를 내려
달라고 빌었다.

충남 부여군 규암면 신리에 위치한 왕흥사지의
발굴 장면(국립부여문화재연구소). 2000년부터
연차적으로 발굴 조사하여 백제·고려 때의 유
구와 유물을 다수 발견하였으며, 2001년에 사
적 제427호로 지정하였다. 이곳에서는 백마강
너머 부소산성과 낙화암 등이 한눈에 들어온다.

여름 5월에 죽었다. 시호를 올려 법(法)이라고 하였다.

30. 무왕(武王)

이름은 장(璋)이며, 법왕의 아들이다. 풍채와 거동이 뛰어났고, 뜻과
기개가 호방하고 걸출하였다. 법왕이 즉위한 다음 해에 죽자, 아들이
왕위를 이었다.

3년(壬戌, 602) 가을 8월에 왕이 군사를 내어 신라의 아막산성(阿莫山
城)【다른 이름은 모산성(母山城)이다】을 에워쌌다. 신라 왕 진평(眞
平)이 정예 기병 수천 명을 보내 막아 싸우니 우리 군사가 이로움을
잃고 돌아왔다. 신라가 소타성(小陁城)·외석성(畏石城)·천산성(泉
山城)·옹잠성(甕岑城) 4성을 쌓고 우리나라 경계로 가까이 쳐들어

왔다. 왕이 노하여 좌평 해수(解讐)에게 명령해 보병과 기병 4만 명을 이끌고 나아가 그 4성을 공격하니 신라의 장군 건품(乾品)과 무은(武殷)이 무리를 이끌고 막아 싸웠다. 해수가 불리하자 군대를 이끌고 천산(泉山)의 서쪽 큰 진펄 안으로 물러나 군사를 매복하고 기다렸는데, 무은이 승세를 타고 갑옷 입은 군사 1천 명을 거느리고 추격하여 큰 진펄에 이르렀다. 매복한 군사가 일어나 급히 치니 무은이 말에서 떨어지고 병사들은 놀라서 어찌 할 바를 몰랐다. 무은의 아들 귀산(貴山)이 큰 소리로 말하길 "내가 일찍이 스승에게 가르침을 받았는데 '군사는 마땅히 싸움터에서 물러나지 말아야 한다'고 말씀하셨으니, 어찌 감히 도망쳐 물러나 스승님의 이름을 져버리겠는가!"라고 하였다. 말을 아버지에게 주고 곧 소장(小將) 추항(箒項)과 함께 창을 휘두르며 힘써 싸우다 죽으니 나머지 군사들이 이를 보고 더욱 분발해 우리 군사가 싸움에서 졌다. 해수가 간신히 죽음을 면하여 말 한 필을 타고 돌아왔다.

6년(乙丑, 605) 봄 2월에 각산성(角山城)을 쌓았다.

가을 8월에 신라가 동쪽 변경을 침입하였다.

7년(丙寅, 606) 봄 3월에 왕도(王都)에 흙비가 내려서 낮에도 어두웠다.

여름 4월에 크게 가물어 기근이 들었다.

8년(丁卯, 607) 봄 3월에 한솔 연문진(燕文進)을 수(隋)나라로 보내 조공하였다. 또, 좌평 왕효린(王孝隣)을 보내 조공하고 아울러 고구려를 토벌하라고 요청하니, 양제(煬帝)가 허락하고 고구려의 움직임을 엿보게 하였다.

여름 5월에 고구려가 송산성(松山城)을 공격해 왔다가 빼앗지 못하자 석두성(石頭城)으로 옮겨 습격해 남녀 3천 명을 사로잡아 돌아갔다.

9년(戊辰, 608) 봄 3월에 사신을 수(隋)나라로 보내 조공하였다. 수나라 문림랑(文林郎) 배청(裵淸)이 사신이 되어 왜국(倭國)으로 갔는데, 우리나라 남쪽 길을 지나갔다.

12년(辛未, 611) 봄 2월에 사신을 수나라로 보내 조공하였다. 수나라 양제가 장차 고구려를 치려고 하니, 왕이 국지모(國智牟)를 들여보내 행군 기일을 물었다. 양제가 기뻐하며 상을 두터이 더해주고 상서기부랑(尙書起部郎) 석률(席律)을 보내 와서 왕과 함께 모의하였다.

가을 8월에 적암성(赤嵒城)을 쌓았다.

겨울 10월에 신라의 가잠성(椵岑城)을 에워싸서 성주 찬덕(讚德)을 죽이고 그 성을 없앴다.

13년(壬申, 612) 수나라의 6군(軍)이 요하(遼河)를 건넜다. 왕이 국경에서 군비를 엄히 하고 말로는 수나라를 돕는다고 하면서 실제로는 양단책을 썼다.

여름 4월에 궁궐 남문에 벼락이 쳤다.

5월에 홍수가 나서 민가가 물에 떠내려가거나 잠기었다.

17년(丙子, 616) 겨울 10월에 달솔 백기(苩奇)에게 명해 군사 8천 명을 거느리고 신라의 모산성(母山城)을 공격하게 하였다.

11월에 왕도(王都)에서 지진이 일어났다.

19년(戊寅, 618) 신라 장군 변품(邊品) 등이 와서 가잠성을 공격해 되찾았는데, 해론(奚論)이 전사하였다.

22년(辛巳, 621) 겨울 10월에 사신을 당(唐)나라로 보내 과하마(果下馬)를 바쳤다.

24년(癸未, 623) 가을에 군사를 보내 신라의 늑노현(勒弩縣)을 쳤다.

25년(甲申, 624) 봄 정월에 대신을 당나라로 보내 조공하였다. 고조(高祖)가 그 성의를 가상히 여겨서 사신을 보내 책봉하여 대방군왕(帶方郡王) 백제왕(百濟王)으로 삼았다.

가을 7월에 사신을 당나라로 보내 조공하였다.

겨울 10월에 신라를 공격하여 속함성(速含城)·앵잠성(櫻岑城)·기잠성(岐岑城)·봉잠성(烽岑城)·기현성(旗懸城)·용책성(冗柵城) 등 6성을 빼앗았다.

26년(乙酉, 625) 겨울 11월에 사신을 당나라로 보내 조공하였다.

27년(丙戌, 626) 사신을 당나라로 보내 명광개(明光鎧)를 바쳤다. 그리고 고구려가 길을 막아 당나라에 조공하는 것을 허용하지 않는다고 호소하였다. 고조(高祖)가 산기상시(散騎常侍) 주자사(朱子奢)를 보내 와서 조서를 내려 우리와 고구려가 그 원한을 풀도록 달랬다.

가을 8월에 군사를 보내 신라의 왕재성(王在城)을 공격하여 성주 동소(東所)를 붙잡아 죽였다.

겨울 12월에 사신을 당나라로 보내 조공하였다.

28년(丁亥, 627) 가을 7월에 왕이 장군 사걸(沙乞)에게 명하여 신라의 서쪽 변경에 있는 두 성(城)을 빼앗고 남녀 3백여 명을 사로잡았다. 왕은 신라가 침입해 빼앗은 땅을 되찾으려고 크게 군사를 일으켜 웅진(熊津)으로 나아가 주둔하였다. 신라 왕 진평(眞平)이 듣고 사신을 당나라로 보내 급히 아뢰니, 왕이 그 말을 듣고 곧 그만두었다.

가을 8월에 왕이 조카 복신(福信)을 당나라로 보내 조공하였다. 태종(太宗)이 신라와 대대로 원수가 되어 자주 서로 침략한다면서 왕에게 조서를 내려 말하였다. "왕은 대대로 군장(君長)이 되어 동쪽 번국을 어루만지고 있다. 바다 귀퉁이가 멀고멀며 바람과 파도가 험하지만 충성이 지극하여 조공이 서로 잇따르고 더욱이 아름다운 꾀를 생각하니 매우 기쁘고 위로가 된다. 짐은 삼가 하늘의 명을 받들어 영토에 군림하고 바른 도리를 넓히려 하며, 백성을 사랑스레 기르고, 배와 수레가 통하는 곳과 바람과 비가 미치는 곳에는 성품에 따라 모두 어질고 평안하게 하려고 한다. 신라 왕 김진평(金眞平)은 짐의 번국 신하이며 왕의 이웃 나라인데, 매번 들으니 군사를 보내 정토(征討)를 그치지 않는다고 한다. 군사를 믿고 잔인하게 하는 것은 바라는 바와 매우 어긋난다. 짐은 이미 왕의 조카 복신과 고구려·신라의 사신을 만나 조서를 내려 화해하도록 해서 모두 화목하자고 받아들였다. 왕은 반드시 지난날의 원한을 잊고 짐의 본뜻을 알아서 이웃나라와의 정을 함께 돈독히 하며 곧 전쟁을 멈추라." 그래서 왕이 사신을 보내 표를 올려 까닭을 설명하고 사과하였는데, 비록 겉으로는 명령에 따른다고 하였지만 속으로는 실제로 서로 원수짐이 예전과 같았다.

29년(戊子, 628) 봄 2월에 군사를 보내 신라의 가봉성(椵峯城)을 공격하였으나 이기지 못하고 돌아왔다.

30년(己丑, 629) 가을 9월에 사신을 당나라로 보내 조공하였다.

31년(庚寅, 630) 봄 2월에 사비(泗沘)의 궁궐을 고쳐짓고, 왕은 웅진성(熊津城)으로 행차하였다. 여름에 가물어 사비의 공사를 그만두었다.

가을 7월에 왕이 웅진(熊津)으로부터 돌아왔다.

32년(辛卯, 631) 가을 9월에 사신을 당나라로 보내 조공하였다.

33년(壬辰, 632) 봄 정월에 맏아들 의자(義慈)를 책봉하여 태자로 삼았다.

2월에 마천성(馬川城)을 고쳐 쌓았다.

가을 7월에 군사를 일으켜 신라를 쳤으나 이롭지 못하였다. 왕이 생초(生草)의 벌판에서 사냥하였다.

겨울 12월에 사신을 당나라로 보내 조공하였다.

34년(癸巳, 633) 가을 8월에 장수를 보내 신라의 서곡성(西谷城)을 공격하여 13일 만에 빼앗았다.

35년(甲午, 634) 봄 2월에 왕흥사(王興寺)가 낙성되었다. 그 절은 강가에 있는데, 채색과 장식이 장엄하고 화려하여, 왕이 매번 배를 타고 절로 들어가 분향하였다.

충남 부여군 부여읍 동남리에 있는 백제 때의 연못 궁남지를 남쪽에서 내려다본 모습(국립부여박물관). 사적 제135호인 궁남지를 인근 주민들은 마래방죽이라고 부르기도 한다.

3월에 궁궐 남쪽에 연못을 파고 20여 리에서 물을 끌어들였으며, 가장자리에는 버드나무를 심고 물 가운데에는 섬을 만들어 방장선산(方丈仙山)에 비기었다.

37년(丙申, 636) 봄 2월에 사신을 당나라로 보내 조공하였다.

3월에 왕이 가까운 신하들을 거느리고 사비하(泗沘河)의 북쪽 포구에서 잔치를 베풀고 놀았다. 강 양쪽 언덕에 기이한 바위와 괴상한 돌들이 들쭉날쭉 서 있고 그 사이에 기이한 꽃과 이상한 풀이 나 있어 마치 그림 같았다. 왕이 술을 마시고 몹시 즐거워 거문고를 타며 스스로 노래를 부르자 따르는 자들이 여러 차례 춤을 추었다. 당시 사람들이 그곳을 가리켜 대왕포(大王浦)라고 불렀다.

여름 5월에 장군 우소(于召)에게 명하여 갑옷 입은 군사 5백 명을 이끌고 가서 신라의 독산성(獨山城)을 습격하였다. 우소가 옥문곡(玉門谷)에 이르자 날이 저물어 안장을 풀고 군사들을 쉬게 하였는데, 신라 장군 알천(閼川)이 군사를 거느리고 갑자기 들이쳤다. 우소가 큰 돌 위로 올라가 활을 쏘며 막아 싸웠으나 화살이 다 떨어져 사로 잡혔다.

6월에 가물었다.

가을 8월에 여러 신하에게 망해루(望海樓)에서 잔치를 베풀었다.

38년(丁酉, 637) 봄 2월에 왕도(王都)에서 지진이 일어났다.

3월에 또 지진이 일어났다.

겨울 12월에 사신을 당나라로 보내 철제 갑옷과 조각한 도끼를 바쳤다. 태종이 도탑게 위로하고 비단 도포와 채색비단 3천 단(段)을 주었다.

39년(戊戌, 638) 봄 3월에 왕과 부인이 큰 연못에 배를 띄우고 놀았다.

40년(己亥, 639) 겨울 10월에 또 사신을 당나라로 보내 금제 갑옷과 조각한 도끼를 바쳤다.

41년(庚子, 640) 봄 정월에 살별이 서북쪽에서 나타났다.

2월에 아들과 아우를 당나라로 보내 국학(國學)에 들여보내 달라고 요청하였다.

42년(辛丑, 641) 봄 3월에 왕이 죽었다. 시호를 무(武)라고 하였다. 사신이 당나라로 들어가 소복을 입고 바치며 "임금님의 외신(外臣)인 부여장(扶餘璋)이 죽었다"고 말하였다. 황제가 현무문(玄武門)에서 애도식을 거행하고 조서를 내려 말하였다. "먼 나라를 생각하는 방법은 임금이 총애하여 내리는 명령보다 나은 것이 없고, 마지막을 장식하는 의리는 먼 곳에서 막힘이 없는 것이다. 고인이 된 주국(柱國) 대방군왕(帶方郡王) 백제왕(百濟王) 부여장은 산을 넘고 바다를 건너 멀리서 달력을 받고 보배를 바치며 글을 올려 처음과 끝이 한결같았는데 갑자기 죽으니 깊이 슬퍼하고 슬퍼한다. 마땅히 정해진 운명에 더하여 애도의 영예를 표하노라." 광록대부(光祿大夫)를 추증하고 부의(賻儀)를 매우 도탑게 주었다.

31. 의자왕(義慈王)

무왕의 맏아들로서, 씩씩하고 용감하며 담력과 결단력이 있었다. 무왕이 재위 33년에 태자로 삼았다. 어버이를 효성스럽게 섬기고 형제들과 우애가 있어서 당시 해동증자(海東曾子)라고 불렸다. 무왕이 죽자 태자가 왕위를 이었다. 태종이 사부랑중(祠部郎中) 정문표(鄭文表)를 보내 책봉하여 주국(柱國) 대방군왕(帶方郡王) 백제왕(百濟王)으로 삼았다.

가을 8월에 사신을 당나라로 보내 감사의 뜻을 나타내고 아울러 토산물을 바쳤다.

2년(壬寅, 642) 봄 정월에 사신을 당나라로 보내 조공하였다.

2월에 왕이 주(州)·군(郡)을 다니면서 어루만지고 죄수를 살펴서 죽을 죄를 빼고는 모두 용서하였다.

가을 7월에 왕이 직접 군사를 이끌고 신라를 쳐서 미후성(獼猴城) 등 40여 성을 빼앗았다.

8월에 장군 윤충(允忠)을 보내 군사 1만 명을 거느리고 신라의 대야성(大耶城)을 공격하였다. 성주 품석(品釋)과 처자가 나와 항복하자 윤충이 모두 죽이고 그 머리를 베어 왕도(王都)로 전달하였다. 남녀 1천여 명을 사로잡아 나라 서쪽의 주(州)·현(縣)에 나누어 살게 하고 군사를 남겨두어 그 성을 지키게 하였다. 왕이 윤충의 공로를 표창하여 말 20필, 곡식 1천 섬을 주었다.

3년(癸卯, 643) 봄 정월에 사신을 당나라로 보내 조공하였다.

겨울 11월에 왕이 고구려와 화친하고 신라의 당항성(黨項城)을 빼앗아 조공하는 길을 막으려 모의하였다. 마침내 군사를 보내 공격하니 신라 왕 덕만(德曼)이 사신을 당나라로 보내 구원을 요청하였다. 왕이 그 말을 듣고 군대를 철수하였다.

4년(甲辰, 644) 봄 정월에 사신을 당나라로 보내 조공하였다. 태종(太宗)이 사농승(司農丞) 상리현장(相里玄獎)을 보내 두 나라를 타이르니 왕이 표를 올려 사과하였다. 왕자 융(隆)을 태자로 삼고 크게 사면하였다.

가을 9월에 신라 장군 유신(庾信)이 군사를 거느리고 쳐들어와서 7개의 성을 빼앗았다.

5년(乙巳, 645) 여름 5월에 왕은 태종이 직접 고구려를 정벌하면서 신라에서 군사를 징발하였다는 말을 듣고 그 틈을 타 신라의 7성(城)을 습격해 빼앗으니 신라가 장군 유신을 보내 쳐들어왔다.

7년(丁未, 647) 겨울 10월에 장군 의직(義直)이 보병과 기병 3천명을 이끌고 신라의 무산성(茂山城) 아래로 나아가 주둔하며 군사를 나누어 감물성(甘勿城)과 동잠성(桐岑城) 두 성을 공격하였다. 신라의 장군 유신이 직접 군사를 격려하며 죽음을 각오하고 싸워 크게 깨뜨리니, 의직이 말 한 필로 돌아왔다.

8년(戊申, 648) 봄 3월에 의직이 신라의 서쪽 변경에 있는 요거성(腰車城) 등 10여 성을 습격하여 빼앗았다.

여름 4월에 옥문곡(玉門谷)으로 군대를 나아가게 하니 신라 장군 유신이 맞았는데, 두 번 싸워 크게 이겼다.

9년(己酉, 649) 가을 8월에 왕이 좌장(左將) 은상(殷相)을 보내 정예 군사 7천 명을 이끌고 신라의 석토성(石吐城) 등 7성을 공격하여 빼앗았다. 신라 장군 유신(庾信)·진춘(陳春)·천존(天存)·죽지(竹旨) 등이 맞아 쳤다. 이롭지 못하자 흩어진 군사를 모아 도살성(道薩城) 아래에 주둔하며 다시 싸웠으나 우리 군사가 졌다.

겨울 11월에 우레가 치고 얼음이 얼지 않았다.

11년(辛亥, 651) 사신을 당나라로 보내 조공하였다. 사신이 돌아올 때 당 고종(高宗)이 조서를 내려 왕을 타일렀다. "바다 동쪽의 세 나라가 기틀을 연 지 오래되어 경계를 나란히 하고 있지만 땅은 사실 개의 이빨처럼 들쭉날쭉하다. 근대 이래로 마침내 의혹과 틈새가 생겨서 전쟁이 번갈아 일어나 거의 편안한 해가 없었다. 마침내 삼한(三韓)의 백성들로 하여금 목숨을 칼과 도마 위에 올려놓게 하고 무기를 갖고 분풀이를 하는 것이 아침저녁으로 서로 되풀이되었다. 짐이 하늘을 대신하여 만물을 다스리므로 매우 불쌍히 여기고 민망히 여긴다. 지난해에 고구려·신라 등의 사신이 함께 와서 조공하였을 때 짐이 이러한 원한을 풀고 다시 정성과 화목을 다지라고 명령하였다. 신라의 사신 김법민(金法敏)이 아뢰어 말하길 '고구려와 백제가 입술과 이빨처럼 서로 의지하며 마침내 방패와 창을 들고 번갈아 쳐들어오니 큰 성(城)과 중요한 진(鎭)이 모두 백제에 병합되어 영토가 날마다 줄어들고 위력도 아울러 약해졌습니다. 바라건대 백제에 조서를 내려 침략한 성을 돌려주게 하소서. 만약 조서를 받들지 않으면 곧 스스로 군사를 일으켜 쳐서 빼앗을 것입니다. 다만 옛 땅을 얻으면 곧 서로 화해하기를 청하겠습니다' 라고 하였다. 짐은 그 말이 순리에 맞으므로 허락하지 않을 수 없었다. 옛날에 제(齊)나라 환공(桓公)이 제후의 반열에 있으면서도 오히려 망한 나라를 존속시켰다. 하물며 짐은 모든 나라의 주인으로서 어찌 위험한 번국을 동정하지 않을 수 있겠는가. 왕이 아우른 신라의 성은 모두 마땅히 그 본국에 돌려주고, 신라가 사로잡은 백제의 포로도 역시 왕에게 돌려보내야 할 것이다. 그런 뒤에 고통과 분규를 풀고 창을 거두며 전쟁을 그치면 백성은 짐을 내려 어깨를 쉬는 소원을 이루고, 세 번국은 전쟁의 수고로움이 없어질 것이다. 무릇 변경의 부대에서 피를 흘리고 강토에 시체를 쌓으며 농사와 길쌈을 모두 없애서 선비의 아내가 의지할 데 없는 것과 비교해서 어찌 같은 상황이라고 말할 수 있겠는가? 왕이 만약 나아가고 머무는 것을 따르지 않는다면 짐은 이미 법민(法敏)이 요청한 바에 따라 그가 왕과 결전하도록 맡기고 또한 고구려와 약속하여 멀리서 서로 구원하지 못하게 할 것이다. 고구려가 만약 명령을 따르지 않으면 곧 거란과 여러 번국을 시켜 요하(遼河)를 건너 깊이 들어가 노략질하게 할 것이다. 왕은 짐의 말을 깊이 생각해서 스스로 많은 복을 구하고 좋은 계책을 살피고 꾀하여 후회하는 일이 없도록 하라."

12년(壬子, 652) 봄 정월에 사신을 당나라로 보내 조공하였다.

13년(癸丑, 653) 봄에 크게 가물어서 백성들이 굶주렸다.

가을 8월에 왕이 왜국(倭國)과 우호를 통하였다.

15년(乙卯, 655) 봄 2월에 태자궁(太子宮)을 수리하였는데, 극히 사치스럽고 화려하였다. 왕궁 남쪽에 망해정(望海亭)을 세웠다.

여름 5월에 붉은 말이 북악(北岳)의 오함사(烏含寺)로 들어가 울면서 불당을 돌다가 며칠 만에 죽었다.

가을 7월에 마천성(馬川城)을 고쳐 쌓았다.

8월에 왕이 고구려·말갈과 함께 신라를 공격하여 30여 성을 깨뜨렸다. 신라 왕 김춘추(金春秋)가 사신을 당나라로 보내 조공하고 표를 올려 "백제가 고구려·말갈과 함께 우리 북쪽 경계로 쳐들어와서 30여 성을 함락시켰다"고 하였다.

16년(丙辰, 656) 봄 3월에 왕이 궁녀들과 함께 음란하고 거칠게 정신 없이 놀면서 술 마시기를 그치지 않았다. 좌평 성충(成忠)[[정충(淨忠)이라고도 한다]]이 온힘을 다해 고치라고 권하자 왕이 화를 내며 그를 감옥에 가두었다. 이로 말미암아 감히 말하는 자가 없었다. 성충은 굶어죽었는데, 죽음을 맞이하며 글을 올려 말하였다. "충성스러운 신하는 죽어도 임금을 원망하지 않는 것입니다. 바라건대 한 말씀만 올리고 죽겠습니다. 신은 늘 때를 보고 변화를 살폈는데, 반드시 전쟁이 일어날 것입니다. 무릇 군사를 쓸 때에는 반드시 그 지리를 살펴 택해야 하는데, 상류에 자리 잡고 적을 끌어들인 뒤에야 보전할 수 있습니다. 만약 다른 나라의 군사가 오면 육지 길은 침현(沈峴)을 넘지 못하게 하고 수군(水軍)은 기벌포(伎伐浦) 언덕으로 오르지 못하게 하며 그 험난하고 좁은 길에 의거하여 막으십시오. 그런 뒤에야 보전할 수 있습니다." 왕이 살피지 않았다.

17년(丁巳, 657) 봄 정월에 왕의 서자(庶子) 41명을 좌평으로 삼고, 각각 식읍(食邑)을 주었다.

여름 4월에 크게 가물어 농작물이 모두 말라죽었다.

19년(己未, 659) 봄 2월에 여우 여러 마리가 궁궐 안으로 들어왔는데, 흰 여우 한 마리가 상좌평 책상에 앉았다.

여름 4월에 태자궁의 암탉이 참새와 교미하였다. 장수를 보내 신라의 독산성(獨山城)과 동잠성(桐岑城) 2성을 침범하여 공격하였다.

5월에 왕도(王都) 서남쪽의 사비하(泗沘河)에서 큰 물고기가 나와 죽었는데, 길이가 3장(丈)이었다.

가을 8월에 여자 시체가 생초진(生草津)에서 떠올랐는데, 길이가 18척(尺)이었다.

9월에 궁궐 안의 홰나무가 울었는데, 마치 사람이 곡하는 소리 같았다. 밤에는 귀신이 궁궐 남쪽 길에서 곡(哭)하였다.

20년(庚申, 660) 봄 2월에 왕도의 우물물이 핏빛이 되었다. 서해 바닷가에 작은 물고기들이 나와 죽었는데, 백성들이 다 먹을 수 없을 정도였다. 사비하(泗沘河)의 물이 붉어져서 마치 핏빛 같았다.

여름 4월에 두꺼비와 개구리 수만 마리가 나무 위에 모였다. 왕도의 저자 사람들이 까닭 없이 놀라 달아났는데, 마치 붙잡는 사람이 있는 것처럼 넘어져 죽은 자가 1백여 명이었고, 잃어버린 재물은 계산할 수 없을 정도였다.

5월에 비바람이 갑자기 세차게 불어닥치고 천왕사(天王寺)와 도양사(道讓寺) 두 절의 탑에 벼락이 쳤다. 또, 백석사(白石寺) 강당에도 벼락이 쳤다. 검은 구름이 용처럼 공중에서 동쪽과 서쪽으로 나뉘어 서로 싸웠다.

충남 부여군 능산리 일대를 지나는 나성(羅城)의 성문터 안쪽 도로변에서 발견된 백제 때의 우물. 다양한 크기의 산돌을 거칠게 다듬어 둥근 모양으로 쌓아올렸다. 깊이는 2m가 채 되지 않는다.

　6월에 왕흥사(王興寺)의 여러 승려들이 모두 어떤 배가 큰 물을 따라 노를 저어 절 문으로 들어오는 것을 보았다. 노루처럼 생긴 개 한 마리가 서쪽에서 사비하 언덕으로 오더니 왕궁을 향해 짖었는데, 갑자기 간 곳을 알 수 없었다. 왕도의 여러 개들이 길가에 모여 혹은 짖고 혹은 울다가 얼마 뒤에 곧 흩어졌다. 어떤 귀신 하나가 궁궐 안으로 들어와 "백제는 망한다. 백제는 망한다"고 크게 외치고는 곧 땅으로 들어갔다. 왕이 기이하게 여겨 사람을 시켜 땅을 파보았더니 3척 가량의 깊이에 거북이 하나가 있었는데, 그 등에 '백제는 둥근 달과 같고 신라는 초승달과 같다'는 글이 있었다. 왕이 물으니, 점쟁이가 "둥근달과 같다는 것은 가득 찼다는 뜻입니다. 가득 차면 기우는 것입니다. 초승달과 같다는 것은 아직 차지 않았다는 뜻입니다. 차지 않았으면 점점 차게 될 것입니다"라고 말하였다. 왕은 화가 나서 그를 죽였다. 어떤 이가 말하길 "둥근 달과 같다는 것은 왕성하다는 것이고, 초승달과 같다는 것은 미약하다는 것입니다. 그 뜻은 우리나라는 왕성하고 신라는 점점 미약해진다는 것일 겁니다"라고 하였다. 왕이 기뻐하였다.

고종(高宗)이 조서를 내려 좌무위대장군(左武衛大將軍) 소정방(蘇定方)을 신구도행군대총관(神丘道行軍大摠管)으로 삼아 좌효위장군(左驍衛將軍) 유백영(劉伯英), 우무위장군(右武衛將軍) 풍사귀(馮士貴), 좌효위장군 방효공(龐孝公)을 거느리고 군사 13만 명을 통솔해 와서 정벌하게 하였다. 아울러 신라 왕 김춘추를 우이도행군총관(嵎夷道行軍摠管)으로 삼아 그 나라의 군사를 거느리고 함께 세력을 합하게 하였다. 소정방이 군사를 이끌고 성산(城山)에서부터 바다를 건너 나라 서쪽 덕물도(德勿島)에 이르렀다. 신라 왕이 장군 김유신을 보내 정예 군사 5만 명을 거느리고 나아가게 하였다.

왕이 그 소식을 듣고 여러 신하들을 모아 나가서 싸우는 것이 좋을지 지키는 것이 좋을지를 물었다. 좌평 의직(義直)이 나아가 말하였다. "당나라 군사는 망망한 바다를 멀리서 건너왔으므로 물에 익숙하지 못한 자는 배에서 필시 피곤했을 것입니다. 그들이 처음에 육지에 내려서 군사들의 기운이 고르지 못할 때 갑자기 치면 뜻을 이룰 수 있을 것입니다. 신라 사람들은 큰 나라의 후원을 믿고 있으므로 우리를 가벼이 여기는 마음이 있는데, 만약 당나라 사람들이 불리한 것을 보면 반드시 의심하고 두려워하여 감히 기세 좋게 진격하지는 못할 것입니다. 그러므로 먼저 당나라 사람과 결전하는 것이 옳을 줄 압니다."

달솔 상영(常永) 등이 말하길 "그렇지 않습니다. 당나라 군사는 멀리서 왔으니 마음속으로 빨리 싸우고 싶어하기에 그 예봉을 당할 수 없습니다. 신라 사람들은 예전에 여러 번 우리 군사에게 져봤으므로 지금 우리 군대의 위세를 보면 두려워하지 않을 수 없을 것입니다. 오늘의 계책은 마땅히 당나라 사람들의 길을 막아 그 군사가 피로해지기를 기다리며, 먼저 일부 군사를 시켜 신라 군대를 쳐서 그 날카로운 기세를 꺾은 다음에 그 형편을 엿보아 맞붙어 싸우면 군대를 온전히 하면서도 나라를 지킬 수 있을 것입니다"라고 하였다. 왕이 망설이며 어느 쪽을 따를지 알지 못하였다.

이때 좌평 흥수(興首)가 죄를 짓고 고마미지(古馬彌知)의 현(縣)에 유배가 있었는데, 사람을 보내 묻기를 "사태가 급하다. 어찌하면 좋겠는가?"라고 하였다. 흥수가 말하길 "당나라 군사는 이미 수가 많고 군대의 규율도 엄하고 분명합니다. 하물며 신라와 함께 앞뒤에서 호응하기로 모의하였으니, 만약 평탄한 벌판과 넓은 들에서 마주하며 진(陣)을 친다면 승패를 알 수 없습니다. 백강(白江)【기벌

논산 황령산성에서 아래의 벌판을 내려다본 모습. 계백의 결사대가 신라군에 항전한 황산벌로 추정되는 곳이다. 멀리 보이는 호수는 탑정호이다.

포(伎伐浦)라고도 한다]과 탄현(炭峴)【침현(沈峴)이라고도 한다]은 우리나라의 중요한 길이어서, 한 사람이 창 하나로 막아도 만 명이 당해낼 수 없을 것입니다. 마땅히 용감한 군사를 뽑아 가서 지키게 하여 당나라 군사가 백강으로 들어오지 못하게 하고 신라 사람은 탄현을 지나지 못하게 하며, 대왕은 성문을 겹겹이 걸어 잠그고 굳게 지키면서 그들의 군량이 다 떨어지고 병사들이 피로해지기를 기다린 다음에 떨쳐 일어나 치면 반드시 깨질 것입니다"라고 하였다. 이때 대신 등이 믿지 않고 "흥수는 오랫동안 갇혀 있었기에 임금을 원망하고 나라를 사랑하지 않을 것이니 그 말을 쓸 수 없습니다. 당나라 군사들을 백강으로 들어오게 하되 물의 흐름에 따라 배를 나란히 할 수 없게 하고, 신라 군사를 탄현으로 오르게 하되 좁은 길 때문에 말을 나란히 할 수 없게 하는 것만 같지 못합니다. 이때를 맞아 군사를 풀어 친다면 비유컨대 조롱 속에 있는 닭을 죽이고 그물에서 떼어낸 물고기를 죽이는 것과 같습니다"라고 말하였다. 왕이 그렇다고 여겼다.

다시 당나라와 신라의 군사가 이미 백강과 탄현을 지났다는 말을 듣고 장군 계백(階伯)을 보내 결사대 5천 명을 이끌고 황산(黃山)으로 나가 신라 군사와 싸우게 하였다. 네 번 싸워 모두 이겼으나 군사가 적고 힘이 꺾여 마침내 졌으며 계백도 죽었다. 이에 군사를 모아 웅진(熊津) 입구를 막고 강을 따라 군사를 지키게 하였다. 소정방(蘇定方)이 왼편 물가로 나와서 산에 올라 진을 치자 더불어 싸웠는데 우리 군사가 크게 졌다. 당나라 군대가 밀물을 타고 꼬리에 꼬리를 물며 나아가면서 북을 치고 떠들어댔다. 소정방이 보병과 기병을 거느리고 곧장 도성(都城)으로 달리다가 30리쯤 되는 곳에서 멈추었다. 우리 군사가 모두 나서서 막았으나 또 져서 죽은 자가 1만여 명이었다. 당나라 군사가 승세를 타고 성에 다가서자 왕이 벗어나지 못할 것을 알고 한탄하며 말하길 "성충(成忠)의 말을 따르지 않아 이 지경에 이른 것을 후회한다"고 하였다. 마침내 태자 효(孝)와 함께 북쪽 변경으로 달아났다. 소정방이 그 성을 에워싸자 왕의 둘째아들 태(泰)가 스스로 왕이 되어 무리를 이끌고 굳게 지켰다. 태자의 아들 문사(文思)가 왕자 융(隆)에게 말하길 "왕과 태자께서 나가고서 숙부가 멋대로 왕이 되었습니다. 만약 당나라 군사가 포위를 풀고 가버리면 우리들이 어찌 온전할 수 있겠습니까?"라고 하였다. 마침내 측근들을 거느리고 줄을 묶은 채 나가자 백성들이 모두 그를 따르니 태(泰)가 말리지 못하였다. 정방이 군사들에게 성의 담장을 넘어 당나라 깃발을 세우게 하였다. 태(泰)는 형세가 어렵고 급박해지자 성문을 열고 명령대로 따르겠다고 하였다. 이에 왕과 태자 효(孝)가 여러 성과 함께 모두 항복하니 정방이 왕과 태자 효(孝), 왕자 태(泰)·융(隆)·연(演) 및 대신(大臣)·장사(將士) 88명, 백성 12,807명을 당나라 서울로 보냈다.

나라에는 본래 5부(部), 37군(郡), 200성(城), 76만호(戶)가 있었다. 이때에 이르러 웅진(熊津)·마한(馬韓)·동명(東明)·금련(金漣)·덕안(德安)의 5도독부(都督府)를 나누어 두고 각각 주(州)·현(縣)을 다스리게 하였으며, 우두머리를 발탁해 도독(都督)·자사(刺史)·현령(縣令)으로 삼아 다스리게 하였다. 낭장(郎將) 유인원(劉仁願)에게 명하여 도성을 지키게 하고, 또 좌위랑장(左衛郎將) 왕문도(王文度)를 웅진도독(熊津都督)으로 삼아 남은 무리를 어루만지게 하였다. 정방이 포로를 바치니 고종이 꾸짖고는 용서하였다. 왕이 병들어 죽자 금자광록대부(金紫光祿大夫) 위위경(衛尉卿)을 추증하고 옛 신하들이 장사지내도록 허락하였다. 조서를 내려 손호(孫皓)와 진숙

보(陳叔寶)의 무덤 옆에 묻고 아울러 비석을 세우게 하였다. 융(隆)
에게는 사가경(司稼卿)을 제수하였다. 왕문도(王文度)가 바다를 건
너다 죽자 유인궤에게 대신토록 하였다.

무왕의 조카 복신(福信)은 일찍이 군사를 거느렸는데, 이에 불교 승
려 도침(道琛)과 함께 주류성(周留城)을 근거로 반란을 일으키고는
일찍이 왜국(倭國)에 인질로 가 있던 옛 왕자 부여풍(扶餘豊)을 맞아
왕으로 삼았다. 서부와 북부가 모두 응하자 군사를 이끌고 도성에
있던 인원(仁願)을 포위하였다. 조서를 내려 유인궤(劉仁軌)를 검교
대방주자사(檢校帶方州刺史)로 기용해 왕문도의 군사를 거느리고
지름길로 신라 군사를 일으켜서 인원을 구하게 하였다. 인궤가 기
뻐하며 "하늘이 이 늙은이를 부귀하게 하려 한다"고 말하고는 당나
라 달력과 묘휘(廟諱)를 요청해 가지고 가면서 말하길 "내가 동이를
소탕하고 평정하여 대(大) 당나라의 달력을 해외에 반포하고자 한
다"고 하였다. 인궤가 군사를 엄격하고 정연하게 통솔하면서 연달
아 싸우며 앞으로 나아가니 복신(福信) 등이 웅진강(熊津江) 어귀에
목책 2개를 세우고 막았다. 유인궤가 신라 군사와 합쳐 공격하니
우리 군사가 뒤로 물러나 목책 안으로 들어갔는데, 물이 가로막고
다리가 좁아서 물에 빠져죽거나 싸우다 죽은 자가 1만여 명이었다.
이에 복신 등이 도성 포위를 풀고 임존성(任存城)으로 물러나 지켰
으며, 신라 사람들도 군량이 다하자 군사를 이끌고 돌아갔다.

때는 용삭(龍朔) 원년(661) 3월이었다. 이에 도침이 스스로 영군장

군(領軍將軍)이라 일컫고 복신은 스스로 상잠장군(霜岑將軍)이라 일컬으면서 무리를 불러모아 그 세력이 더욱 커졌다. 사람을 시켜 유인궤에게 알리기를 "듣자하니 대 당나라와 신라가 약속하기를 백제는 늙은이 젊은이를 묻지 않고 모두 죽인 다음에 나라를 신라에게 넘긴다고 하더라. 앉아서 죽는 것이 어찌 싸우다 죽는 것만 같으랴? 이것이 모여서 단결해 스스로 굳게 지키는 까닭이다"라고 하였다. 인궤가 글을 지어 복을 받는 길과 재앙을 맞는 길을 모두 적고 사자를 보내 타일렀다. 도침 등이 무리가 많음을 믿고 교만해져서 유인궤의 사자를 바깥 객관에 두고 업신여기면서 "심부름 온 자의 관품이 낮다. 나는 한 나라의 대장이니 만나지 않겠다"고 대답하고는 글에 답하지 않고 그냥 돌려보냈다. 유인궤는 군사가 적었으므로 유인원과 군사를 합쳐서 군사들을 쉬게 하고 표를 올려 신라와 합해 도모하게 해달라고 요청하였다. 신라 왕 춘추(春秋)가 조서를 받들어 그 장수 김흠(金欽)을 보내 군사를 거느리고 인궤 등을 구하게 하였다. 고사(古泗)에 이르렀을 때 복신이 맞아 쳐서 이기니, 흠(欽)은 갈령도(葛嶺道)로 도망쳐 돌아갔으며, 신라는 감히 다시 출병하지 못했다. 얼마 후 복신이 도침을 죽이고 그 무리를 아우르니 풍(豊)이 제어하지 못하고 단지 제사만 주관할 뿐이었다. 복신 등은 유인원 등이 고립된 성에서 원군이 없자 사자를 보내 위로하며 "대사(大使) 등은 언제 서쪽으로 돌아가려는가? 마땅히 사람을 보내 전송하겠노라"고 하였다.

2년(662) 7월에 유인원·유인궤 등이 복신의 남은 무리를 웅진의 동쪽에서 크게 깨뜨리고 지라성(支羅城)과 윤성(尹城)·대산책(大山柵)·사정책(沙井柵) 등의 목책을 빼앗았는데, 죽이고 사로잡은 자가 매우 많았다. 곧 군사를 나누어 지키게 하였다. 복신 등은 진현성(眞峴城)이 강을 내려다보며 높고 험하여 요충지에 해당하므로 군사를 더해 지키게 하였다. 유인궤가 밤에 신라 군사를 독려하여 성의 판자로 만든 성가퀴에 다가섰다가 날이 밝을 무렵에 성으로 들어가 8백 명을 베어 죽이니 마침내 신라의 군량 수송로가 뚫렸다. 유인원이 군사를 늘려달라고 아뢰어 요청하자, 조서를 내려 치주(淄州)·청주(靑州)·내주(萊州)·해주(海州)의 군사 7천 명을 징발하고 좌위위장군(左威衛將軍) 손인사(孫仁師)를 보내 무리를 통솔하며 바다를 건너 유인원의 무리를 늘리게 하였다.

이때 복신은 이미 오로지 권세를 탐하여 부여풍(扶餘豊)과 점차 서로 시기하고 질투하였다. 복신은 아프다는 핑계로 동굴 방에 누워서 풍(豊)이 문병오기를 기다렸다가 잡아 죽이려고 하였다. 풍이 그것을 알고 직접 믿을만한 자들을 이끌고 복신을 갑자기 습격해 죽였다. 그리고 사신을 고구려·왜국(倭國)으로 보내 군사를 요청하여 당나라 군사를 막으려 하였으나, 손인사가 중간에서 맞아 쳐서 깨뜨렸다. 마침내 유인원의 무리와 서로 합하니 군사들의 기세가 크게 떨쳤다. 이에 여러 장수들이 어느 쪽으로 가야 할지 의논하였는데, 어떤 이가 "가림성(加林城)은 수로와 육로의 요충이니 서로 힘을 합쳐 먼저 칩시다"고 하였다. 유인궤가 말하길 "병법에서는 가득 찬 곳을 피하고 빈 곳을 치라 하였는데, 가림성은 험하고 견고해서 공격하면 군사를 다치게 할 것이고, 지킨다면 하릴없이 세월만 보내게 될 것이다. 주류성(周留城)은 백제의 소굴로서 무리가 모여 있으니, 만약 이긴다면 여러 성이 스스로 항복할 것이다"고 하였다. 이에 손인사·유인원 및 신라 왕 김법민(金法敏)이 육군을 이끌고 나아갔다. 유인궤 및 별장(別將) 두상(杜爽)과 부여융(扶餘隆)은 수군과 군량선을 이끌고 웅진강에서 백강으로 가서 육군과 만나 함께 주류성으로 갔다. 백강 어귀에서 왜인(倭人)을 만나 네 번 싸워 모두 이기고 그 배 4백 척을 불태우니 연기와 불꽃이 하늘을 붉게 하고 바닷물도 붉어졌다. 왕인 부여풍이 몸을 빼서 달아났는데, 있는 곳을 알지 못한다. 어떤 이는 고구려로 도망갔다고 한다. 그의 보검을 손에 넣었다. 왕자 부여충승(扶餘忠勝)과 충지(忠志) 등이 그 무리를 이끌고 왜인들과 함께 항복했으나 홀로 지수신(遲受信)만이 임존성에 의지하며 항복하지 않았다.

처음에 흑치상지(黑齒常之)가 흩어진 무리를 불러 모으니 10일 사이에 돌아와 붙은 자가 3만여 명이었다. 소정방이 군사를 보내 쳤으나 상지가 막아 싸워 이기고 다시 2백여 성을 빼앗으니 소정방이 이길 수 없었다. 흑치상지가 별부장(別部將) 사타상여(沙吒相如)와 함께 험한 곳에 의지하며 복신에게 호응하더니, 이때에 이르러 모두 항복하였다. 유인궤가 진심을 내보이면서 임존성을 빼앗아 정성을 다하라고 하고는 곧 갑옷과 무기, 군량을 주었다. 손인사가 "길들여지지 않은 마음은 믿기 어려운데 만약 갑옷과 곡식을 준다면 도적에게 편의를 도와주는 것입니다"라고 말하니, 유인궤가 말하길 "내가 사타상여와 흑치상지를 보니 충성스럽고 슬기로운 꾀가 있다. 이 기회에 공을 세운다는데 오히려 무엇을 의심하겠는가"라고 하였다. 두 사람이 마침내 그 성을 빼앗으니, 지수신은 처자를 버려두고 고구려로 달아나고 나머지 무리는 모두 평정되었다.

손인사 등이 위세를 떨치고 돌아가니, 조서를 내려 유인궤는 머무르며 군사를 거느리고 주둔하며 지키라고 하였다. 전쟁의 여파로 즐비하던 집들은 쓰러지고 무너졌으며 썩지 않은 시체가 무수히 많았다. 유인궤가 비로소 명령을 내려 해골을 묻고, 호구(戶口)를 등록하고, 마을을 정리하고, 관청 책임자를 임명하고, 도로를 개통하고, 다리를 세우고, 둑을 보수하고, 저수지를 복구하고, 농사와 누에치기를 권장하고, 가난한 자들에게 먹을 것을 주고, 고아와 노인들을 양육하고, 당나라의 사직(社稷)을 세우고, 달력과 묘휘(廟諱)를 반포하니 백성들이 모두 기뻐하며 각자 제자리에 안주하였다. 황제가 부여융을 웅진도독(熊津都督)으로 삼아 나라로 돌아가 신라와 옛 원한을 풀고 유민들을 불러 돌아오게 하였다.

인덕(麟德) 2년(665)에 신라 왕과 웅진성(熊津城)에서 모여 백마를 죽여 맹세하였는데, 유인궤가 맹세의 글을 지었다. 이에 금가루로 쓴 증표를 만들어 신라의 종묘 안에 간직하였다. 맹세의 글은 신라

충남 부여군 부여읍 능산리 부근에서 발견·조사된 백제 때의 도로. 길가 양옆에는 도랑을 만들어 물이 고이지 않게 했으며, 군데군데 나무로 작은 다리를 만들어놓았다. 길에서는 깊게 패인 수레자국이 발견되었다.

본기에 보인다. 유인원 등이 돌아가니, 융은 무리가 흩어질까 두려워하다가 역시 당나라 서울로 돌아갔다. 의봉(儀鳳) 연간(676~679)에 융(隆)을 웅진도독(熊津都督) 대방군왕(帶方郡王)으로 삼아 나라로 돌아가 남은 무리를 안정시키게 하고, 또 안동도호부(安東都護府)를 신성(新城)으로 옮겨 거느리게 하였다. 이때 신라가 강성하므로 융(隆)이 감히 옛 나라에 들어가지 못하고 고구려에 의탁하여 다스리다가 죽었다. 무후(武后)가 다시 그의 손자 경(敬)에게 왕위를 이어받게 하였으나, 그 땅은 이미 신라·발해말갈이 나누어 가졌으므로 나라의 계통이 마침내 끊어졌다.

사론(史論): 신라 고사(古事)에 이르기를 "하늘이 금궤를 내렸으므로 성을 김씨라고 하였다"라고 했는데, 그 말이 괴상해서 믿을 수 없다. 그러나 신(臣)이 역사서를 편찬하려고 보니 그 전승이 오래되어 그 말을 빼버릴 수가 없다. 그런데 또 들으니 "신라 사람들은 스스로 소호금천씨(沼湖金天氏)의 후예이므로 성을 김씨라고 했으며〖신라의 국자박사(國子博士) 설인선(薛因宣)이 지은 김유신비(金庾信碑)와 박거물(朴居勿)이 짓고 요극일(姚克一)이 쓴 삼랑사비문(三郎寺碑文)에 보인다〗, 고구려 또한 고신씨(高辛氏)의 후예이기에 성을 고씨라고 했다"라고 한다.〖『진서(晋書)』 재기(載記)에 보인다〗 옛 기록에 이르길 "백제는 고구려와 함께 부여에서 나왔다"고 하였고, 또 "진(秦)나라와 한(漢)나라에 난리가 났을 때 중국 사람들이 많이 바다 동쪽으로 도망해 왔다"고 하였으니, 세 나라의 조상이 어찌 옛 성인의 후예가 아니겠는가? 그 나라를 향유함이 길었으나, 백제의 말기에 이르러 행하는 일은 도리에 어긋난 일이 많고, 또 대대로 신라와 원수가 되어 고구려와 연합하고 화목함으로써 침략하며, 이익과 편의에 따라 끊임없이 신라의 중요한 성(城)과 큰 진(鎭)을 빼앗아 갔으니 이른바 어진 사람과 친하고 이웃과 잘 지내는 것이 나라의 보배라는 말과 달랐다. 이에 당나라 천자가 두 번이나 조서를 내려서 그 원한을 풀라고 하였는데, 겉으로는 따르

는 척하면서 속으로는 어겨 큰 나라에 죄를 지었으니, 그 멸망은
또한 마땅하다.

『삼국사기』 제32권 「잡지」 제1권

〈제사(祭祀)〉

『책부원귀(册府元龜)』에 이르기를 "백제는 매년
네 철의 가운데 달에 왕이 하늘과 5제(帝)의 신에
게 제사지낸다. 그 시조 구태(仇台)의 묘(廟)를 나
라의 도성에 세우고 일년에 네 번 제사지낸다"고
하였다.【해동고기(海東古記)를 살펴보니 어떤 곳
은 '시조가 동명(東明)'이라 하고 어떤 곳은 '시
조가 우태(優台)'라 하였으며, 『북사(北史)』와 『수
서(隋書)』는 모두 "동명의 후예에 구태(仇台)가 있
어 대방(帶方)에서 나라를 세웠다"고 하였는데,
여기에서는 '시조가 구태'라고 하였다. 그러나
동명이 시조임은 그 자취가 명백하며, 그 나머지
는 믿을 수 없다.】

몽촌토성에서 출토된 그
릇받침대.(서울대학교박
물관) 둥근 통처럼 생겼
다 해서 흔히 '원통형 기
대(器臺)' 라고 부르는데,
밑바닥이 둥근 토기를 올
려놓기에 좋다. 주로 제
사지낼 때 썼다는 주장이
있지만, 분명한 증거는
아직 발견되지 않았다.

풍납토성 안에서 출토되었다고 전하는 초두(鐎斗)(국립중앙
박물관). 청동으로 만들었으며, 손잡이에는 용의 머리를 조
각하였는데, 중국에서 수입한 것으로 보인다. 초두는 흔히
약이나 술을 데우는 데 썼다고 한다.

옛 기록[古記]에 이르기를 "온조왕 20년 봄 2월에 단(壇)을 설치하고 하늘과 땅에 제사지냈으며, 38년 겨울 10월, 다루왕 2년 봄 2월, 고이왕 5년 봄 정월, 10년 봄 정월, 14년 봄 정월, 근초고왕 2년 봄 정월, 아신왕 2년 봄 정월, 전지왕 2년 봄 정월, 모대왕 11년 겨울 10월에도 모두 위와 같이 하였다.

다루왕 2년 봄 정월에는 시조 동명의 묘(廟)에 배알하였으며, 책계왕 2년 봄 정월, 분서왕 2년 봄 정월, 계왕 2년 여름 4월, 아신왕 2년 봄 정월, 전지왕 2년 봄 정월에도 모두 위와 같이 하였다"라고 하였다.

풍납토성에서 출토된 항아리(한신대학교박물관). 고운 흙으
로 만들고 유약을 발랐다고 해서 시유도기(施釉陶器)라고 부
른다. 중국에서 수입한 것으로 생각된다.

풍납토성 안에서 출토된 세발토기[三足器](국립
문화재연구소). 백제의 특징적인 토기로서, 중국
의 다리 셋 달린 그릇을 본뜬 것으로 보인다.

풍납토성 안에서 발견된 백
제 건물지(한신대학교박물
관). 흔히 경당지구 44호 건
물지라고 부른다. 흙을 다져
단을 만들고 건물을 세웠는
데, 발굴조사단은 제사와 관
련된 건물로 추정하였다.

〈악(樂)〉

백제의 음악

『통전(通典)』에 이르기를 "백제의 음악은 중종(中宗) 때에 악기를 연주
하는 사람들이 죽고 흩어졌다가 개원(開元) 연간(713~741)에 기왕범(岐
王範)이 태상경(太常卿)이 되자 다시 아뢰어 설치하였다. 그래서 음악과
재주가 많이 빠졌다. 춤추는 자는 2명이며, 자주색 큰소매 옷, 치마·
저고리, 장보관(章甫冠), 가죽신을 썼다. 음악 중 남은 것은 쟁(箏), 피

리[笛], 복숭아나무 껍질로 만든 피리[桃皮蓽篥], 공후(箜篌)인데, 악기의 유형이 대부분 중국과 같다"고 하였다.

『북사(北史)』에 이르기를 "북[鼓], 뿔로 만든 나발[角], 공후(箜篌), 쟁(箏), 우(竽), 호(箎), 피리[笛]의 음악이 있다"고 하였다.

『삼국사기』 제33권 「잡지」 제2권

〈색복(色服)〉

백제의 의복 제도

『양직공도(梁職貢圖)』에 그려진 백제 사신의 모습. 『양직공도』는 양나라 원제(元帝, 552~554)가 즉위하기 전 형주(荊州) 자사(刺史)로 지내던 무렵(526~536) 양나라를 방문한 외국 25개 나라의 사신을 그린 그림이다.

『북사(北史)』에 이르기를 "백제의 의복은 고구려와 대략 같다. 만약 조정에서 절을 한다거나 제사를 지낸다면 그 관(冠) 양옆에 날개를 덧붙이고, 전쟁 때에는 붙이지 않는다. 나솔(奈率) 이상은 관(冠)을 은꽃으로 장식하고, 장덕(將德)은 자주색 띠, 시덕(施德)은 검은 띠, 고덕(固德)은 빨간 띠, 계덕(季德)은 푸른 띠, 대덕(對德)과 문독(文督)은 모두 노란 띠, 무독(武督)부터 극우(剋虞)까지는 모두 흰 띠이다"라고 하였다.

『수서(隋書)』에 이르기를 "백제는 좌평(左平)부터 장덕(將德)까지 자주색 띠를 두르고, 시

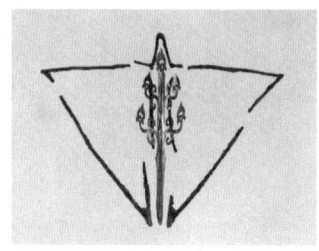

부여 능안골고분군의 36호분에서 출토된 은제 관꾸미개[銀製冠飾]와 철제 테[鐵製心]. 아래의 사람 그림은 유물을 근거로 당시의 관모를 추정해본 것이다(국립부여박물관).

일본 나라현[奈良縣] 다카이치군[高市郡] 아스카촌[明日香村]에 있는 타카마츠츠카[高松塚]의 벽화 일부분. 고송총은 7~8세기에 축조된 굴식 돌방무덤으로서, 무덤 안벽에 사신도(四神圖), 일월성수도(日月星宿圖), 인물도 등이 화려한 색채로 그려져 있다. 고구려 · 백제 계통의 영향을 받은 무덤으로 추정된다.

덕은 검은 띠, 고덕은 빨간 띠, 계덕은 푸른 띠, 대덕 이하는 모두 누른 띠, 문독부터 극우까지는 모두 흰 띠를 두른다. 관(冠)을 쓰는 규정도 모두 같다. 다만 나솔 이상은 은꽃으로 장식한다"고 하였다.

『당서(唐書)』에 이르기를 "백제는 그 왕이 소매가 큰 자주색 두루마기, 푸른 비단 바지를 입고, 검은 비단 관은 금꽃으로 장식하고, 흰 가죽띠를 두르고, 검은 가죽신을 신는다. 관리는 모두 다 홍색으로 옷을 입고 은꽃으로 관(冠)을 장식하며, 서민은 다홍색이나 자주색 옷을 입지 못한다"라고 하였다.

『통전(通典)』에 이르길 "백제는 그 의복이 남자는 대략 고려(高麗)와 같고, 부인은 옷이 두루마기와 비슷한데 소매가 조금 크다"고 하였다.

『삼국사기』 제37권 「잡지」 제6권

〈지리(地理)4〉

백제(百濟)

『후한서(後漢書)』에 이르길 "삼한(三韓)은 무릇 78국이며, 백제는 그 중 한 나라이다"라고 하였다.

『북사(北史)』에 이르길 "백제는 동쪽으로 신라에 이르고, 서쪽과 남쪽은 모두 큰 바다를 경계로 하며, 북쪽은 한강에 닿는다. 그 도읍은 거발성(居拔城)인데, 고마성(固麻城)이라고도 부른다. 그밖에 또 5방성(五方城)이 있다"고 하였다.

『통전(通典)』에 이르길 "백제는 남쪽으로 신라와 접하고, 북쪽으로 고려(高麗)와 떨어져 있으며, 서쪽은 큰 바다를 경계로 삼는다"고 하였다.

『구당서(舊唐書)』에 이르길 "백제는 부여의 별종으로서 동쪽과 북쪽은 신라, 서쪽은 바다를 건너 월주(越州)에 이르고, 남쪽은 바다를 건너 왜(倭)에 이르며, 북쪽은 고려(高麗)이다. 그 왕이 사는 곳은 동쪽과 서쪽

백제 수도 사비(泗沘)의 시가지를 둘러싼 외곽 토성으로서, 흔히 부여 나성(羅城)이라고 부른다.(사적 제58호) 성벽은 부소산성 부근에서부터 청산성(靑山城)·석목리·동문다리·필서봉·염창리를 거쳐 금강변까지 이어졌다고 한다. 사진은 부여에서 논산으로 향하는 길목인 능산리 일대에 남아있는 성벽이다.

으로 두 성(城)이 있다"고 하였다.

『신당서(新唐書)』에 이르길 "백제는 서쪽으로 월주(越州)와 이웃하고 남쪽은 왜(倭)인데 모두 바다를 건넌다. 북쪽은 고려(高麗)이다"라고 하였다.

옛 책의 기록[古典記]을 살펴보니, 동명왕(東明王)의 셋째 아들 온조(溫祚)가 전한(前漢) 홍가(鴻嘉) 3년 계묘(癸卯)에 졸본부여(卒本扶餘)에서 위례성(慰禮城)에 이르러 도읍을 세우고 왕이라 일컬었다. 그로부터 389년이 지나 13대 근초고왕에 이르러 고구려의 남평양(南平壤)을 빼앗고 한성(漢城)에 도읍하였다. 105년이 지나 22대 문주왕에 이르러 도읍을 웅천(熊川)으로 옮겼다. 63년이 지나 26대 성왕(聖王)에 이르러 도읍을 소부리(所夫里)로 옮기고 나라 이름을 남부여(南扶餘)라고 하였다. 31대 의자왕까지 122년을 지냈다. 의자왕 재위 20년째인 당나라 현경(顯慶) 5년(660), 그러니까 이때는 의자왕 재위 20년인데 신라의 유신(庾信)이 당나라 소정방과 함께 토벌하여 평정하였다. 옛날에 5부(部)가 있어 37군(郡)·200성(城)·76만호(戶)로 나누어 다스렸는데, 당나라가 그 땅을 나누어 웅진(熊津)·마한(馬韓)·동명(東明) 등 5도독부(都督府)를 설치하고, 곧 그 추장들을 도독부 자사(刺史)로 삼았다. 얼마 안 가 신라가 그 땅을 모두 아울러서 웅주(熊州)·전주(全州)·무주(武州) 3주와 여러 군(郡)·현(縣)을 설치하고, 고구려의 남쪽 경계 및 신라의 옛 땅과 함께 9주(州)로 삼았다.

『삼국사기』 제40권 「잡지」 제9권

〈직관(職官) 하(下)〉

백제의 관직

『북사(北史)』에 이르길 "백제는 벼슬에 16품(品)이 있는데, 좌평(左平)
5명은 1품, 달솔(達率) 30명은 2품, 은솔(恩率)은 3품, 덕솔(德率)은 4품,
한솔(扞率)은 5품, 나솔(奈率)은 6품, 장덕(將德)은 7품, 시덕(施德)은 8
품, 고덕(固德)은 9품, 계덕(季德)은 10품, 대덕(對德)은 11품, 문독(文
督)은 12품, 무독(武督)은 13품, 좌군(佐軍)은 14품, 진무(振武)는 15품,
극우(剋虞)는 16품이다. 은솔부터 아래로는 벼슬에 정해진 인원이 없
다. 각각 부사(部司)가 있어서 여러 업무를 나누어 맡는데, 내관(內官)은
전내부(前內部) · 곡내부(穀內部) · 내경부(內椋部) · 외경부(外椋部) · 마
부(馬部) · 도부(刀部) · 공덕부(功德部) · 약부(藥部) · 목부(木部) · 법부
(法部) · 후궁부(後宮部)가 있으며, 외관(外官)은 사군부(司軍部) · 사도부
(司徒部) · 사공부(司空部) · 사구부(司寇部) · 점구부(點口部) · 외사부(外

대부(大夫)라는 글자가 새겨진 백제 때의 토기.(한신대학교박물관) 풍납토성에서 출토되었으며, 흔히 '곧은 입 목 짧은 항아리[直口短頸壺]'라고 부른다. 백제 때 '대부'라는 이름의 관직이 있었다는 기록은 없다.

舍部)·주부(綢部)·일관부(日官部)·시부(市部)가 있다. 부서의 우두머리는 3년에 한번 교대한다. 도읍에는 구획이 있어 각각 5부(部)를 이루는데, 상부(上部)·전부(前部)·중부(中部)·하부(下部)·후부(後部)라고 한다. 부에는 5항(巷)이 있어 일반 백성이 거주한다. 부(部)는 군사 500명을 거느린다. 5방(方)에는 각각 방령(方領) 1명씩 있는데, 달솔을 방령으로 삼고 방좌(方佐)가 보좌한다. 방에는 10군(郡)이 있다. 군에는 장(將)이 3명 있는데, 덕솔을 군장으로 삼는다. 군사 1,100명 이하 700명 이상을 거느린다"고 하였다.

『수서(隋書)』에 이르길 "백제는 벼슬에 16품이 있는데, 우두머리를 좌평(左平)이라 한다. 다음은 대솔(大率)이며, 그 다음은 은솔, 다음은 덕솔, 그 다음은 한솔, 다음은 나솔, 다음은 장덕, 다음은 시덕, 다음은 고덕, 다음은 계덕, 다음은 대덕, 다음은 문독, 다음은 무독, 다음은 좌군, 다음은 진무, 다음은 극우이다. 5방(方)은 각각 방령 1명이 있고 방좌

(方佐)가 보좌한다. 방에는 10군(郡)이 있고, 군에는 장(將)이 있다"고
하였다.

『당서(唐書)』에 이르길 "백제는 내관(內官)을 두었는데, 내신좌평(內臣
佐平)은 왕의 명령을 알리고 보고하는 일을 맡고, 내두좌평(內頭佐平)은
창고와 재정에 관한 일을 맡고, 내법좌평(內法佐平)은 예법과 의례에 관
한 일을 맡고, 위사좌평(衛士佐平)은 왕과 궁궐을 지키는 군사 업무를
맡고, 조정좌평(朝廷佐平)은 형벌과 감옥에 관한 일을 맡고, 병관좌평
(兵官佐平)은 대외 군사 업무를 맡는다"고 하였다.

이상은 중국의 역대 사서에 나온다.

좌보(左輔)·우보(右輔)·좌장(左將)·상좌평(上佐平)·북문두(北門頭)
이상은 우리나라의 옛 기록에 나온다.

『삼국사기』 제44권 「열전」 제4권

〈흑치상지(黑齒常之)〉

　흑치상지는 백제의 서부(西部) 사람으로서, 키가 7척(尺)이 넘었다. 날쌔고 용감하며 지략이 있어 백제의 달솔(達率)이 되고 풍달군(風達郡)의 군장(郡將)을 겸하였는데, 당나라의 자사(刺史)와 같다고 한다. 소정방이 백제를 평정하니 흑치상지가 소속된 부(部)에서 항복하였다. 그러나 소정방이 늙은 의자왕을 가두고 군사를 풀어 크게 약탈하자 흑치상지가 두려워하여 가까운 추장 10여 명과 함께 달아났다. 잡혔다가 도망한 사람들을 불러 모아 임존산(任存山)에 의지하며 스스로 굳게 지키니 열흘도 안 돼 몰려온 자가 3만 명이나 되었다. 정방이 군사들을 격려하며 공격하였으나 이기지 못하였다. 그래서 마침내 200여 성을 수복하였다. 용삭(龍朔) 연간(661~663)에 고종(高宗)이 사신을 보내 항복하라고 타이르자 유인궤(劉仁軌)를 찾아가 항복하였다. 당나라에 들어가 좌령군(左領軍) 원외장군(員外將軍) 양주자사(洋州刺史)가 되어 여러 번 정벌에

충남 예산군 대흥면 상중리에 위치한 임존성(사적 제90호). 봉수산 꼭대기에 있다 해서 봉수산성이라고도 한다. 돌로 쌓은 석성(石城)이며, 성벽 둘레는 3km에 가까운 것으로 알려진다.

참여해 공을 세우고 벼슬과 상을 특별하게 받았다. 오랜 뒤에 연연도(燕然道) 대총관(大摠管)이 되어 이다조(李多祚) 등과 함께 돌궐을 쳐서 깨뜨렸다. 좌감문위(左監門衛) 중랑장(中郎將) 찬보벽(爨寶璧)이 끝까지 뒤쫓아가 공을 세우려 하자 조서를 내려 상지와 함께 치라고 하였으나, 보벽이 혼자 나아갔다가 오랑캐에게 져서 전체 군대가 몰락하였다. 보벽은 옥졸 하급관리[下吏]에게 넘겨져 죽임을 당하였고, 상지도 연좌되어 공적이 없어졌다. 마침 주흥(周興) 등이 그가 응양장군(鷹揚將軍) 조회절(趙懷節)의 반란에 참여했다고 모함하였으므로 붙잡혀 감옥에 갇혔다가 교수형을 당하였다. 흑치상지는 아랫사람을 부리는 데 너그러운 덕이 있었다. 그가 타는 말을 병사가 매질하였다며 어떤 이가 죄를 주라고 청하자 "어찌 내 개인의 말[馬] 때문에 나라의 군인을 때릴 수 있겠는가?"라고 대답하였다. 여러 차례 상을 받았으나 부하들에게 나눠주어 남은 재물이 없었다. 그가 죽자 사람들이 모두 그의 억울함을 슬퍼하였다.

『삼국사기』 제47권 「열전」 제7권

⟨계백(階伯)⟩

계백은 백제 사람으로서, 벼슬하여 달솔(達率)이 되었다. 당나라 현경(顯慶) 5년(660) 경신(庚申)에 고종이 소정방을 신구도(神丘道) 대총관(大摠管)으로 삼아 군사를 이끌고 바다를 건너 신라와 함께 백제를 정벌하게 하였다. 계백은 장군이 되어 결사대 5천 명을 뽑아 막으며 "한 나라의 사람으로서 당나라·신라의 많은 군대를 당해내야 하니 나라가 존속할지 멸망할지 알 수 없다. 내 아내와 자식들이 모두 노비가 될지 모르는데, 살아서 욕을 당하느니 차라리 빨리 죽는 편이 낫다"고 말하였다. 마침내 가족을 모두 죽이고 황산(黃山) 벌판에 이르러 세 진영을 설치하였다. 신라군을 맞아 싸우려 할 때 무리에게 "옛날에 구천(句踐)이 5천 명으로 오(吳)나라의 70만 명을 깨뜨렸는데, 오늘 마땅히 각자 기운을 내 싸워 이겨서 나라의 은혜에 보답하자"고 맹세하였다. 마침내 힘을 다해 싸워 한 사람이 천 명을 당해내니 신라 군사가 이에 물러났다. 이처럼 나아가고 물러나기를 네 번이나 하다가 힘이 다해 죽었다.

『삼국사기』 제48권 「열전」 제8권

〈도미(都彌)〉

  도미는 백제 사람이다. 비록 호적에 편입된 하찮은 백성이지만 자못 의리를 알았다. 그의 아내는 아름답고 예쁘며, 또한 절조 있게 행동해 당시 사람들의 칭찬을 받았다. 개루왕(蓋婁王)이 듣고 도미를 불러 얘기하기를 "무릇 부인의 덕은 비록 정조가 굳고 행실이 깨끗한 것을 앞세우지만, 만약 으슥하고 어두우며 사람이 없는 곳에서 교묘한 말로 유혹하면 마음을 움직이지 않는 사람이 드물 것이다"라고 말하였다. 도미가 대답하여 "사람의 본성은 헤아릴 수 없는 것입니다. 그러나 저의 아내와 같은 사람은 비록 죽는다 하더라도 두 마음을 갖지는 않을 것입니다"라고 말하였다. 왕이 시험해보고 싶어서 도미에게 일을 시켜 잡아두고 가까운 신하 한 명으로 하여금 거짓으로 왕의 옷을 입고 말을 타고 밤에 그 집으로 가게 하였다. 사람을 시켜 먼저 왕이 왔노라고 알리고 그 부인에게 "나는 오래 전부터 네가 예쁘다는 소문을 듣고 도미와 내

전북 익산 미륵사지에서 발견된 수키와 조
각과 그 안쪽에 그려진 사람 얼굴 그림(국
립전주박물관 소장). 기와조각의 길이는
14cm.

기를 해 이겼다. 내일 너를 들여 궁녀로 삼을 것이다. 이제부터 네 몸은
내 것이다"라고 말하였다. 마침내 간음하려고 하자 부인이 "국왕께서
망언을 하시지는 않을 테니 제가 감히 따르지 않을 수 있겠습니까? 청
컨대 대왕께서는 먼저 방으로 들어가십시오. 저는 옷을 갈아입고 가겠
습니다"라고 말하고는 물러나 계집종 하나를 어지럽게 꾸며서 바쳤다.
왕이 나중에 속은 것을 알고는 크게 화를 내며 도미에게 죄를 씌워 그
의 두 눈알을 빼고는 사람을 시켜 끌어내 작은 배에 태우고 강에 띄웠
다. 마침내 그 부인을 끌어다 강제로 욕보이려고 하니, 부인이 말하길
"지금 남편을 이미 잃고 혼자 남은 이 한 몸을 스스로 지탱할 수 없거니
와, 하물며 왕을 모시는 일이라면 어찌 감히 어기겠습니까? 그러나 지
금 월경 중이어서 온몸이 지저분하고 더러우니 청컨대 다른 날을 기다

려 목욕을 한 다음에 오겠습니다"라고 하였다. 왕이 믿고 허락하니 부인이 곧바로 도망쳐 강어귀에 이르렀으나 건널 수 없었다. 하늘을 부르며 소리 높여 슬피 울자 갑자기 배 하나가 나타나 물결 따라 흘러와 닿았다. 배를 타고 천성도(泉城島)에 이르러 그 남편을 만났는데 아직 죽지 않았다. 풀뿌리를 캐어 씹어먹고는 마침내 함께 배를 타고 고구려의 산산(蒜山) 아래에 이르니 고구려 사람들이 불쌍히 여겨 옷과 음식을 주었다. 마침내 구차하게 살다가 나그네로 일생을 마쳤다.

『삼국유사(三國遺事)』 해제

『삼국유사』는 어떤 책인가?

　『삼국유사(三國遺事)』라는 책 이름은 조금 특이하다. '삼국'은 분명 『삼국사기(三國史記)』와 마찬가지로 고구려 · 백제 · 신라를 가리킬 터이니 조금도 특이하지 않지만, '유사'는 정통 역사책에서 흔히 쓰이는 이름이 아니기에 낯선 면이 있다. 무슨 뜻일까? 유(遺)는 끼치다 · 남기다 · 후세에 전하다 · 잃다 · 버리다를 뜻한다. 사(事)는 역사책에 흔히 쓰이는 사(史)＝기록과 달라서 일 · 사실 · 사건을 뜻한다. 그렇다면 유사(遺事)란 남겨진 사실 · 잃어버린 사실 · 사실을 후세에 전한다 등으로 해석된다. 다시 말해 잃어버리거나 남겨진 사실을 후세에 전한다는 의미인 것이다.

　유사(遺事)라는 이름을 가진 역사책을 중국에서 찾아보면, 『개원천보유사(開元天寶遺事)』 · 『함순유사(咸淳遺事)』 · 『전당유사(錢塘遺事)』 · 『여남유사(汝南遺事)』 등이 발견된다. 한결같이 정통 역사서에서 빠뜨렸거나 미처 다루지 못한 잡다한 사실들을 다룬 책이다. 예를 들어 『개원천보유사』는 후당(後唐)의 왕인유(王仁裕; 880~956)가 지은 책으로

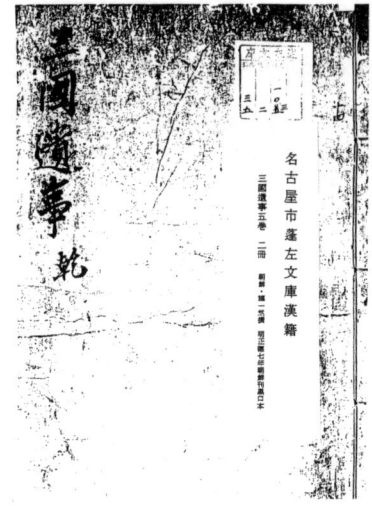

『삼국유사』 정덕본(正德本) 5권 2책의 표지(국립
중앙박물관 신광섭 제공). 정덕본이란 정덕(正德)
7년 곧 조선 중종 7년(1512)에 경주에서 간행되
었기 때문에 붙여진 이름이다. 정덕은 명(明)나라
무종 때의 연호이다.

서, 개원(開元; 713~741)과 천보(天寶; 742~756)라는 연호를 사용한 당
나라 현종(玄宗) 때의 각종 풍속을 적어놓은 것이다. 주로 당시의 도성
인 장안(長安)에서 일어난 상류층의 에피소드를 다뤘는데, 사실의 정확
성은 다소 떨어지지만 당시의 궁궐 내부 사정을 비롯해 사회 분위기를
이해하는 데에는 큰 도움을 준다. 『함순유사』의 함순(咸淳)은 남송(南
宋) 때의 연호(1261~1274)이며, 『여남유사』의 여남(汝南)은 중국 하남
성(河南省)에 있던 지명을 이르는 말이다. 이처럼 중국에서는 어느 한
시기 혹은 어느 한 사건의 자질구레한 이야기들을 적은 책에 '유사(遺
事)'라는 이름을 붙였다. 그래서인지 이들은 간혹 역사책이 아닌 소설
이나 심심풀이 이야기책으로 분류되기도 한다.

이름이 암시하듯 『삼국유사』는 체재가 정연하지 못하다. 『삼국사기』·『고려사(高麗史)』처럼 본기와 열전을 중심으로 구성한 기전체도 아니고 『삼국사절요(三國史節要)』·『고려사절요(高麗史節要)』처럼 각종 사건을 연대순으로 서술한 편년체는 더더욱 아니다. 강목체(綱目體)·기사본말체(紀事本末體) 등과도 거리가 멀다. 그렇다면 제멋대로 쓴 한갓 이야기책에 불과한가? 그렇지는 않다.

『삼국유사』 첫머리에 실린 왕력(王曆)편은 연표인데, 단순한 연대표가 아니다. 여기에는 신라·고구려·백제 삼국뿐 아니라 가락국(駕洛國)·후고려(後高麗)·후백제(後百濟)의 각종 중대 사건마저 빼곡히 적어 넣었다. 그러니 일종의 간편한 '역사요약집'이라고 할 만하다. 두 번째 편목인 기이(紀異) 편에는 단군왕검(檀君王儉)의 고조선(古朝鮮)부터 위만조선(衛滿朝鮮)·삼한(三韓)·낙랑(樂浪)·삼국(三國)을 거쳐 발해(渤海)에 이르기까지 다양한 사건을 수록하였다. 대부분 『삼국사기』에 실리지 않은 내용들이다. 중국의 이야기책 유사(遺事)에서는 좀체 찾을 수 없는 역사책으로서의 관점이 뚜렷하다.

『삼국사기』가 편찬되고 100여 년이 지난 뒤에 쓰인 탓인지 『삼국유사』에는 『삼국사기』를 의식한 면이 많다. 우선, '삼국유사'라고 이름 지었다는 것 자체가 그러하며, 서술 대상도 삼국에 한정되지 않고 시간·공간적으로 무한히 확대되었다는 사실이 또한 그러하다. 그리고 같은 사건이라도 내용과 서술방법이 크게 달라서, 『삼국사기』가 유교적 도덕 기준에 입각해 합리적으로 점잖게 기술한 반면, 『삼국유사』는 조금 지나치다 싶을 정도로 비속하거나 과장된 설화적 표현이 많다. 한 가지 예를 들어보자. 『삼국사기』 「신라본기」는 지증왕(智證王)의 신체적 특징을 "몸이 매우 크고 담력이 다른 사람보다 뛰어났다"고 표현하였다. 그런데 『삼국유사』는 "왕의 성기(性器)가 1척(尺) 5촌(寸)으로 너무 커서 짝을 구하기 어려웠다"면서 왕비도 이에 맞는 사람을 찾느라 힘들었노라고 에피소드를 곁들이며 장황하게 적어놓았다. 성기가 유달리 컸으니 몸집도 컸으리라는 상식에 기초한 우스갯소리인 셈이다. 또 『삼국사기』에는 불교에 관한 부분이 거의 없으나 『삼국유사』는 불교를 중심으로 기술하였다는 점도 크게 다른 점이다.

편찬 배경과 과정

1. 『삼국유사』를 편찬한 사람

『삼국유사』에는 지은이의 인사말에 해당하는 서문(序文)이 없다. 그리고 누가 썼는지도 분명하게 적어놓지 않았다. 그래서 『삼국유사』의 저자가 일연(一然)이라는 오래된 상식은 종종 의심을 받았다. 조선시대 15세기에 편찬된 『동국여지승람(東國輿地勝覽)』에는 '누가 지었는지 모르겠다'는 말이 있고, 조선 후기 안정복의 『동사강목(東史綱目)』에는 '고려 승려 무극(無極)·일연(一然) 등이 지었다'는 말과 '고려 중엽의 승려 무극(無極)이 지은 책'이라는 말이 함께 나온다. 무극(1250~1322)은 일연의 제자로 알려진 사람이다.

일연이 『삼국유사』의 저자임을 알려주는 물증이 전혀 없는 것은 아니다. 『삼국유사』 권5의 「신주(神呪)」편 첫머리에 '국존(國尊) 조계종(曹溪宗) 가지산하(迦智山下) 인각사(麟角寺) 주지(住持) 원경충조대선사(圓鏡冲照大禪師) 일연(一然)이 지었다'고 분명하게 밝혀 놓았기 때문이다.

다만, 이러한 문구가 『삼국유사』의 제1편 「왕력(王曆)」부터 제9편 「효선(孝善)」에 이르기까지 유독 제6편 「신주」에만 있기 때문에 논란이 일었다. 원래 다른 편에도 '일연이 지었다'는 글이 있었겠지만 세월이 지나 여러 번 옮겨 적는 사이에 빠져버렸다고 믿는가 하면, 일연이 직접 지은 곳은 일부에 불과하고 나머지는 여러 제자들이 보탰으므로 공동 편찬이라고 주장하기도 한다.

『삼국유사』를 공동편찬이라고 주장하는 사람들은 『삼국유사』의 문체(文體)가 편목에 따라 다른 경우가 있으며 제4편 「탑상(塔像)」과 제5편 「의해(義解)」에는 '무극이 기록하였다'고 적은 부분에 주목한다. 그러나 『삼국유사』를 일연의 저작이라고 믿는 입장에서는 문체가 다르거나 일연이 죽은 뒤에 쓰인 듯한 부분이 있는 것은 무극을 비롯한 일연의 제자들이 스승의 책을 보완하였기 때문이라고 설명한다. 특히 '무극이 기록하였다'고 적은 부분은 두 곳 모두 간단한 사실과 생각을 덧붙인 대목에 불과하므로, 이야말로 『삼국유사』가 무극 등의 저작이 아닌 일연의 저작임을 알려주는 증거일 수 있다고 풀이한다. 무극의 입장에서 보면 스승인 일연이 죽은 뒤에 『삼국유사』를 대신 손질하던 중 부분적으로 덧붙인 글이 있으므로 그것 때문에 혹시 스승에게 누를 끼치는 것은 아닌지 걱정되어 간단한 글 마지막에 '이 부분만큼은 무극이 기록하였으니 참고하라'고 적었다는 것이다. 그렇다면 무극을 비롯한 제자들이 『삼국유사』를 편찬하는 데 도운 것이 분명하므로 공동편찬이라고 해야 옳다는 사람도 있을지 모르겠다. 그러나 그건 그렇지 않다. 편찬

작업을 제자들이 아무리 많이 거들었다고 해도 지금과 같은 모습의 『삼국유사』를 처음 기획하고 일정한 목표 아래 제자들을 지휘하며 책을 서술·편집한 사람은 어디까지나 일연이기 때문이다.

2. 일연(一然)의 생애

경상북도 군위군 고로면 화북동에 위치한 인각사(麟角寺)에는 이 절의 주지였던 일연을 추모하기 위해 세운 비석이 있다. 흔히 '보각국존정조탑비(普覺國尊靜照塔碑)'라고 부른다. 이 비석에는 고려시대의 문인 민지(閔漬; 1248~1326)가 왕의 명령을 받고 일연을 기린 글이 새겨져 있다. 그 내용을 우리말로 옮기면 다음과 같다.

무릇 맑은 거울과 흐린 쇠는 원래 서로 다른 물건이 아니다. 흐린 물결과 맑은 물은 똑같이 한 가지 근원에서 나온 것이다. 그 뿌리가 같으면서도 끝이 다른 것은 갈았느냐 갈지 않았느냐, 움직이느냐 움직이지 않느냐 하는 데 있을 뿐이다. 여러 부처와 중생은 성품이 또한 이와 같아서 단지 헤매느냐 깨달았느냐로 나뉠 뿐이다. 누가 어리석음과 슬기로움을 타고난다고 말하는가? 지극히 어리석은 자가 크게 깨닫기를 바라는 것이야 하늘과 땅처럼 아득히 먼 일이겠지만, 한 번 기회가 돌아오게 되면 곧 만물의 본성을 깨닫게 되는 것이다. 가섭(迦葉)이 빙긋 웃고 달마(達磨)가 서쪽에서 온 이후 불법을 밝히는 등불이 서로 이어져 지금에 이른 것은 모두 이 때문이다. 그 마음을 전하며 그 진수를 깨달아 해지는 연못에서 지혜의 해를 되돌려 신령스러운 빛을 우리나라에 빛나게 한 사람으로는 오직 우리 국존(國尊)이 있다.

국존의 이름은 견명(見明)이며, 자(字)는 회연(晦然)이다. 나중에 이름을 일연(一然) 으로 바꿨다. 속세에서의 성은 김(金)씨로서 경주(慶州) 장산군(章山郡) 사람이다. 아버지의 이름은 언필(彦弼)인데, 벼슬하지 않았지만 스님 덕분에 좌복야(左僕射) 에 추증되었다. 어머니 이(李)씨는 낙랑군부인(樂浪郡夫人)에 봉해졌다. 처음에 꿈 에서 해가 집에 들어와 빛이 배를 비추길 사흘 밤이더니 임신하여 태화(泰和) 병인 년(1209) 6월 신유(辛酉) 날에 국존을 낳았다. 나면서부터 재주와 지혜가 뛰어나고 외모가 단정하며 엄숙했다. 콧마루가 우뚝하고 입이 다부졌으며 천천히 걷고 눈초 리가 예리했다. 어려서 세속을 떠날 뜻을 가져 나이 겨우 9세에 해양(海陽) 무량사 (無量寺)에 가서 의지하며 비로소 불법을 배웠는데, 총명하고 깨달음이 무척 뛰어 났다. 가끔 정좌하고선 밤을 새니 사람들이 기이하게 여겼다.

홍정(興定) 기묘년(1219)에 진전사(陳田寺)의 장로(長老)인 대웅(大雄)에게 가서 머 리를 깎고 스님이 되어 구족계(具足戒)를 받았다. 이에 선종 사찰을 두루 돌아다녔 는데 명망이 매우 자자하므로 무리들이 추대하여 9산문(山門) 4선(選)의 우두머리 로 삼았다. 정해년(1227) 겨울에는 선불장(選佛場)에 나아가 상상과(上上科)에 올 랐으며, 그후 포산(包山)의 보당암(寶幢庵)에 머물며 마음을 선관(禪觀)에 두었다.

병신년(1236) 가을에 전쟁이 일어나자 스님은 땅을 피하려고 문수(文殊)의 5자(字) 주문을 외우며 감응을 기다리니 갑자기 벽 사이에서 문수가 모습을 나타내며 "무주 (無住)에 있다가 다음 해 여름에 다시 이 산의 묘문암(妙門庵)에서 기거하라"고 말 하였다. 보당암의 북쪽에 암자가 있었는데 무주(無住)라고 불렸다. 스님은 이에 앞 서의 예언을 깨닫고 이 암자에 살면서 때때로 항상 '중생들의 세계가 줄지 않고 부처님의 세계가 늘지 않는다'는 말을 탐구하더니 문득 하루아침에 환히 깨달았다. 그래서 사람들에게 "내가 이제 삼계(三界)가 환상이나 꿈과 같다는 사실을 알았고, 대지에 작은 터럭만큼의 막힘도 없음을 보았다'고 말하였다. 이 해에 스님을 삼중대사(三重大師)에 제수하였으며, 병진년(1256)에는 선사(禪師)의 직위를 더하였다. 기유년(1249)에 정승 정안(鄭晏)이 남해(南海)의 개인 집을 내놓아 절로 만들고 정림(定林)이라 부르며 스님을 모셔다 주재하게 하였다. 기미년(1259)에 대선사(大禪師)의 직위를 더하였다.

중통(中統) 신유년(1261)에 임금의 명을 받고 서울[開京]로 올라가 선월사(禪月社)의 주석을 하며 법당을 열어 멀리 목우화상(牧牛和尙; 知訥)의 법을 이었다. 지원(至元) 원년(1264) 가을이 되자 남쪽으로 돌아가겠노라고 여러 번 청해 오어사(吾魚社)에 머물렀다. 얼마 지나지 않아 인홍사(仁弘社)의 주지인 만회(萬恢)가 주석을 넘겨주니 교리를 배우려는 승려들이 구름처럼 모여들었다. 무진년(1268) 여름에 조정의 뜻에 따라 선교(禪敎)의 명덕(明德) 1백 명을 모아 운해사(雲海寺)에서 대장낙성회(大藏落成會)를 열었다. 스님을 모셔 모임을 주관하게 하니 낮에 금석문을 읽고 밤에 종파의 교리를 이야기하였는데, 여러 대가들이 가졌던 의문을 스님이 다 쪼개어 풀이하기를 물 흐르듯 하고 자세한 뜻이 신통한 경지에 들어갔으므로 공경하고 복종하지 않는 이가 없었다.

스님이 인홍사를 주재한 지 11년에 이 절을 세운지 오래 되어 건물이 낡고 또 지대가 낮고 좁았으므로 스님이 모두 다시 세우고 확장하였다. 이 사실을 조정에 아뢰니 인홍(仁興)이라고 이름을 고쳐 임금께서 액자에 글씨를 써 내려주셨다. 또, 포산의 동쪽 기슭에 있던 용천사(涌泉寺)를 고쳐 손질하고 불일사(佛日社)라고 하였다. 임금[忠宣王]께서 즉위하신 지 4년째 되던 해인 정축년(1277)에 조칙을 내려 스님을 운문사(雲門寺) 주지로 삼으시니 깊고 그윽한 풍취를 드날리셨다. 임금께서 나날이 깊이 마음을 기울이시더니 시를 지어 이르시기를 "은밀히 전하는데 무슨 의례가 필요하리오. 절을 멀리 가게 된 것도 기이하도다. 스님을 궁궐에서 만나고 싶었는데, 스님은 어찌 자꾸 윗목을 그리워하시는가" 라고 하였다.

신사년(1281) 여름에 원나라의 일본정벌 때문에 임금께서 동도(東都; 경주)로 나들이 하셨는데, 명령을 내려 스님을 행성(行城)으로 불렀다. 스님이 오자 자리에 오르기를 청하며 존경하고 사모하는 마음을 갑절로 가졌다. 스님의 불일결사문(佛日結社文)을 가져다 제목을 붙이고 찍어서 절에 두었다. 다음 해 가을에 윤금군(尹金頵)을 근시장(近侍將)으로 삼아 조서를 보내 맞이하니 궁궐에 이르렀다. 대전(大殿)으로 청해 선(禪)을 설법하니 임금님 얼굴에 기쁨이 넘쳐흘렀다. 담당 관리에게 명령을 내려 광명사(廣明寺)에서 묵게 하였다. 원(院)에 들어가던 날 야밤에 어떤 사람이 방장(方丈) 바깥에 서서 '잘 오셨습니다' 라고 세 번 말하길래 보니 아무도 없었다. 겨울 12월에 임금께서 직접 오셔서 부처님 가르침을 자문하셨으며, 다음 해 봄에는 임금께서 여러 신하에게 "우리 선왕께서는 모두 스님 중에서 덕이 큰 이를 얻어 왕사(王師)로 삼으시고 덕이 더욱 큰 이를 국사(國師)로 삼으셨는데, 덕 없는 나만 왕사와 국사가 없어서야 되겠는가? 지금 운문화상(雲門和尙)은 도가 높고 덕이 많아 사람들이 모두 우러르고 있다. 어찌 과인만 혼자 인자한 은택을 받을 수 있겠는가? 마땅히 한 나라가 함께 누려야 한다"고 하였다. 이에 우승지 염승익을 보내 윤지를 받들어 합국존사(闔國尊師)의 의례를 행하자고 청하였다. 스님이 표문을 올려 굳이 사양하니, 임금께서 다시 사신을 보내 청하기를 세 번이나 하였다. 이에 상장군 나유 등에게 명하여 스님을 책봉해 국존으로 삼고 호를 원경충조(圓徑冲照)라고 하였다. 책봉을 마치고 4월 신묘(辛卯) 날에 대궐로 맞아들여 몸소 모든 벼슬아치를 거느리고 의례를 행하였다. 국사(國師)를 고쳐 국존(國尊)이라고 한 것은 중국의 국사라는 이름을 피하기 위해서이다.

스님은 평소 서울 생활을 즐겨하지 않으셨다. 더욱이 어머니가 연로하셔서 고향으로 돌아가기 위해 물러가려는 뜻이 매우 간절하였다. 임금께서 거듭 그 뜻을 받아들이지 않다가 허락하시고 근시좌랑 황수명에게 명해 호위하게 하셨다. 산을 내려가 어머니를 모시니 조정과 민간 사람들이 드문 일이라고 감탄하였다. 다음 해에 어머니가 돌아가시니 나이 96세였다.

이 해(1288)에 조정에서 인각사(麟角寺)를 복 받은 땅으로 삼아 근시(近侍) 김용일에게 고쳐 지으라고 명령하고 또한 논밭 100여 경(頃)을 주어 절 재산을 넉넉하게 하였다. 스님이 인각사로 들어가 구산문도회(九山門都會)를 두 번 여니 강당이 북적거렸는데 역사상 일찍이 없던 일이었다.

이윽고 기축년(1289) 6월에 병이 들어 7월 7일에는 손수 임금께 올리는 글을 썼다. 또 시중드는 사람에게 명해 글을 써서 상국(相國) 염공(廉公)에게 길이 간다는 사실을 알리게 하였다. 그리고 여러 선승(禪僧), 나이 많은 스님들과 더불어 묻고 답하며 시간을 보냈다. 이날 밤 큰 자 만큼 긴 별이 방장 뒤편으로 떨어졌다. 이튿날인 을유(乙酉) 날 새벽에 일어나 세수와 목욕을 하고는 앉아서 무리에게 "오늘 내가 가야겠다. 중일(重日)이 아니지?" 하고 말하였다. '아닙니다' 하고 대답하니 '그렇다면 됐구나' 하였다. 중에게 법고(法鼓)를 치게 하고는 선법당(善法堂) 앞으로 가서 선상(禪床)에 걸터앉아 인보(印寶)를 봉하였다. 장선별감 김성고에게 명해 거듭 봉하고 나서 말하길 "마침 하늘의 사자가 와서 내가 죽고 난 이후의 일을 보여주었다"라고 하였다. 어떤 중이 나와서 물었다. "석존이 학림(鶴林)에서 열반에 드셨고, 화상은 인령(麟嶺)에서 열반에 드시는데, 서로 많고 적음을 떠난 것인지 궁금합니다." 스님이 지팡이를 쳐들었다가 한 번 내리치고 이르기를 "서로 많고 적음을 떠났다"라고 하였다. 중이 나아가 이르기를 "그렇다면 지금과 옛날은 상응하여 차이가 없건만 분명한 것은 눈앞에 있습니다"라고 하였다. 스님이 또 한 번 내리치고 말하길 "분명한 것은 눈앞에 있다"라고 하였다. 중이 나아가 "세 뿔 기린이 바다 속으로 들어가니 하늘에 남은 조각달이 물결 한가운데에 나타납니다"라고 하였다. 스님이 말하길 '다른 날에 돌아와서 또 중들과 함께 다시 한 번 한바탕 놀아보리라'고 하였다. 또 어떤 중이 물었다. "화상께서는 백년 뒤에 무엇이 되길 바라십니까?" 스님은 '무엇이든 단지 한 개이면 된다'고 하였다. 중이 나아가 "거듭 군왕과 함께 무봉탑(無縫塔)의 틀을 만든다면 또 무엇을 거리끼겠습니까?"라고 하였다. 스님께서 "심하다. 어디를 다녀오느냐?"라고 말하였다. 중이 나아가 "또 물음이 지나쳤습니까?"라고 하니, 스님이 말하길 "이러한 일은 곧 그친다는 것을 알라"고 하였다. 또 어떤 중이 물었다. "화상께서는 세상에 계셔도 세상에 없는 것처럼 하시고 몸을 돌보기를 몸이 없는 것처럼 하시니 세상에 계시며 큰 법의 수레바퀴를 굴리는데 무엇이 거리끼겠습니까?" 스님께서 말하길 "곳에 따라 부처님 일을 하는 것이다"라고 하였다. 문답을 끝내고 스님께서 말하였다. "여러 선승들은 날마다 알리라. 아프고 가려운지 안 아프고 안 가려운지 모호하여 분별하지 못한다는 것을." 이에 지팡이를 쳐들었다 한 번 내리치고 말하였다. "이것은 아프냐?" 또 한 번 내리치고 말하였다. "이것은 아프지 않으냐?" 또 한 번 내리치고 말하길 "이것은 아픈지 안 아픈지 한 번 구분해 보거라"라고 하였다. 그리고는 자리에서 내려와 방장으로 돌아갔다. 다시 작은 선상(禪床)에 앉아서 태연자약하게 말하고 웃더니 잠시 후에 손을 금강인(金剛印)으로 하고는 고요히 열반에 들었다. 오색 빛이 방장 뒤편에서 일어났는데 깃대처럼 곧았으며 그 끝의 휘황한 빛은 타오르는 불꽃 같았다. 위에는 흰 구름이 우산처럼 일더니 하늘로 사라졌다. 당시 가을의 늦더위가 한창 기승을 부렸는데, 얼굴 모습은 깨끗하고 희며 팔다리와 몸은 맑고 윤기가 있어 몸을 굽히고 펴는데 마치 살아있는 듯하였다. 먼 곳과 가까운 곳에서 구경 온 자가 담처럼 늘어섰다.

정해(丁亥)날에 화장하고 유골을 모아 선실(禪室) 안에 두었다. 문인이 유언장과 인보(印寶)를 가지고 역마를 타고 가 아뢰니 임금께서 매우 슬퍼하시며 판관후(判觀候) 서사령(署事令) 척(偶)을 보내 식종(飾終)의 예의를 다하였다. 또 안렴사에게 장사지내는 일을 감독하고 보호하라고 명하였다. 이어서 제(制)를 내려 시호를 보각(普覺)이라 하고 탑을 정조(靜照)라고 하였다. 10월 신유(辛酉) 날에 절의 동쪽 언덕에 탑을 세웠다. 향년 84세이며, 출가하신 지 71년이었다.

스님의 사람됨은 말에 농지거리가 없고 성품에 겉치레가 없어 진정으로 사물을 대하였다. 무리 속에 있어도 혼자 있는 것처럼 하고 지위가 높아도 낮은 것처럼 하였다. 배움에서는 스승에게 배우지 않고도 저절로 환하게 깨우쳤다. 이미 도에 들어가 평온하고 튼실하지만 얽매이지 않아 막힘없이 말을 잘하였다. 옛사람의 깨달음을 전하는 말, 얽히고설킨 일, 소용돌이치고 파도가 험한 곳에 이르면 도려내고 뚫어서 통하게 하고 널리 포용하여 일을 유연하고 여유 있게 처리하였다. 또 선의 기쁨을 누리고 여유가 있을 때 대장경을 다시 읽고 여러 대가의 글을 깊이 연구하였으며 한편으론 유교 책을 섭렵하여 백가(百家)를 두루 꿰뚫었다. 상황에 따라 사물을 이롭게 하고 신묘한 작용이 자유자재였으니, 무릇 50년간 법도(法道)의 우두머리라 불리었다. 주지로 계시는 곳마다 모두 서로 우러러 사모하려고 하여 오로지 당하(堂下)에 참여하지 못함을 부끄럽게 여겼다. 비록 재주가 뛰어나다고 자부하는 사람일지라도 단지 남은 향기와 남은 윤기라도 받으면 마음이 취해 자신을 잃지 않을 수 없었다. 어머니를 지극한 효성으로 봉양하고 목주(睦州) 진존숙(陳尊宿)의 기풍을 사모하여 스스로 목암(睦庵)이라고 이름 지었다. 나이가 80세에 이르렀어도 총명함이 조금도 쇠퇴하지 않고 남 가르치는 일에 게으르지 않았다. 지극한 덕과 참다운 자비심이 없다면 누가 이렇게 할 수 있겠는가? 처음에 스님께서 올 때 마산(馬山) 역리(驛吏)의 꿈에 어떤 사람이 "내일 하늘의 사자가 담무갈보살(曇無竭菩薩)이 계실 곳을 닦으려 이곳을 지나게 되리라"고 하였는데, 다음날 과연 이르렀다. 스님의 남을 이롭게 한 일을 보면 이 꿈을 어찌 허망하다 하겠는가? 그밖에도 기이한 행적과 기이한 꿈이 매우 많지만 이야기가 괴이한 데로 빠질까봐 생략한다.

스님이 지은 책으로 어록(語錄) 2권, 게송잡저(偈頌雜著) 3권이 있고, 편수한 것으로 중편조동오위(重編曹洞五位) 2권, 조파도(祖派圖) 2권, 대장수지록(大藏須知錄) 3권, 제승법수(諸乘法數) 7권, 조정사원(祖庭事苑) 30권, 선문염송사원(禪門拈頌事苑) 30권 등 100여 권이 세상에 나와 있다. 문인인 운문사 주지 대선사 청분(淸玢)이 스님의 행적을 적어 임금께 아뢰니 임금께서 신에게 글을 지으라고 명하셨는데, 신의 학식이 거칠고 얕아서 스님의 지극한 덕을 빛내고 드러내기에 부족하기 때문에 몇 년이 지나도록 질질 끌었으나 요청이 그치지 않고 명령 또한 거스르기 어려워 삼가 서문을 짓고 다음과 같이 새긴다.(이하, 명문은 생략)

원정(元貞) 원년 을미년(1295) 8월 일

비문에 새겨진 대로 일연은 고려 희종 2년(1206)에 지금의 경북 경산에서 태어났다. 바야흐로 최충헌의 무신정권이 확립되어 고려왕조에 부정과 불법이 판을 치고 행정 기강이 매우 문란하던 때이다. 그가 20대 후반으로 들어서던 무렵에는 몽고가 침입하여 약탈을 일삼기 시작했다. 그리고 같은 상황이 30년이나 지속되었다. 그 사이 최씨 정권은 강화도에서 자신들의 권력을 유지하는 일에만 몰두할 뿐이었다. 일연이 나이 50살을 훌쩍 넘긴 뒤에야 비로소 전쟁에 지친 고려 왕조와 몽고[元] 사이에 타협이 이뤄졌다. 타협은 원나라의 간섭과 간접지배로 이어졌다. 그리하여 그의 말년에는 원나라가 일본을 정벌하기 위해 고려로부터 많은 사람과 물자를 차출하는 바람에 사회 전체가 고단해졌다.

고려 사회의 어수선한 분위기는 종교에도 영향을 미쳤다. 당시 고려 불교계는 선종(禪宗)이 우세하였는데, 승려들이 본분을 잊고 타락하였다는 비판이 많았다. 이에 보조국사 지눌(知訥)이 선종을 중심으로 교종까지 통합하여 조계종(曹溪宗)을 새로 만들었다. 지눌은 실천 수행을 강조하며 결사(結社)운동을 일으켜 불교계의 위상을 회복하려 하였다. 일연은 지눌의 말년에 태어났다.

비문에서 일연이 9세에 들어가 의지하였다는 무량사는 지금의 광주 무등산에 있던 절이다. 당시 무신정권의 핍박을 피해 산 속 절에 숨어 사는 지식인이 많았으므로 유학(儒學)이나 한문을 공부하려면 으레 산 속 절을 찾았다고 한다. 따라서 일연은 무량사에 들어가 의지하는 동안 불교 경전뿐 아니라 유교 경전과 한문학도 배울 수 있었을 것이다.

일연이 승려가 되겠다고 결심한 것은 14세 때이다. 그는 곧 강원도 설악산 남쪽 기슭에 있는 가지산파(迦智山派)의 진전사로 가서 승려가 되었다. 이후 그는 여러 곳의 절을 전전하였다. 노년에는 수도인 개경(開京)에서 잠시 지내기도 했지만, 생애 대부분을 지방에서 보냈다. 특히 출가한 후 40여 년을 경상북도에서 지냈으며, 죽음도 경상북도 군위의 인각사에서 맞았다. 바로 이러한 점 때문에 『삼국유사』의 내용 중 태반은 경북지역을 배경으로 한 이야기이다. 그밖에 일연은 경상남도·강원도·전라남도·경기도의 절들에 머물렀다. 일연이 언제부터 역사책을 쓰겠노라고 마음먹었는지 알 수 없지만, 매우 오랫동안 자료를 수집한 다음에 『삼국유사』를 편찬했다고 한다. 따라서 그가 머문 지역과 『삼국유사』의 내용은 상당히 밀접한 관련성을 지닌다.

『삼국유사』의 체재와 내용

　『삼국유사』는 전체 5권 9편으로 구성되어 있다. 제1권에는 「왕력(王曆)」편과 「기이(紀異)」편이 함께 실렸다. 제2권은 「기이」편의 연속이다. 제3권은 「흥법(興法)」편과 「탑상(塔像)」편으로 되어 있다. 제4권은 「의해(義解)」편만 다루었다. 제5권은 「신주(神呪)」·「감통(感通)」·「피은(避隱)」·「효선(孝善)」 4편을 함께 실었다.

　『삼국유사』에는 서문·발문(跋文)·차례가 없다. 그래서 언제, 누가, 왜 이 책을 만들었는지 정확히 알 수 없다. 다만, 제2권의 「기이」편 첫머리에 일연이 쓴 간단한 서문이 있어 편찬 목적을 대충 짐작할 뿐이다. 기이편 서문에서 일연은 "중국의 역대 제왕이 모두 보통 사람과 달랐다고 말하는 마당에 우리 삼국의 시조가 신비롭게 태어나서 기이한 일을 많이 했다는 말을 못 믿을 이유가 어디 있는가?"라며 민족적 자존심을 유독 강조하였다.

　제1편 「왕력」은 일종의 달력과 같은 연대표이다. 그러나 단순히 연대만 적은 것이 아니라 각 왕의 대수(代數), 즉위한 해, 재위 연수, 왕릉의

명칭과 위치, 화장(火葬)기록, 왕의 어머니와 왕비에 대한 기록, 연호 사용, 중국과의 교섭, 국호에 대한 설명, 사찰 건립, 수도를 옮긴 일, 외적의 침입, 성(城)·제방·시장에 대한 기록 등 국가의 중대한 사건들을 많이 적었다는 점에서 다른 책들의 연표와 다르다. 왕력에서 기록이 가장 많고 상세한 것은 역시 〈신라〉이다.

제2편「기이」는 고조선부터 후삼국까지의 단편적인 역사를 57개 항목으로 나눠 서술하였다. 모두 국가와 국가를 다스리는 인물들에 대한 기록이다. 내용은 크게 두 부분으로 나눌 수 있는데, 단군조선에서부터 신라·고구려·백제 삼국이 형성되기까지 각종 소국과 종족들의 문제를 다룬 것이 앞부분이고, 그 이후가 뒷부분이다. 어느 쪽이든 내용이 대체로 설화라는 점은 같다. 그래서 김부식 등이 『삼국사기』를 지을 때 문자로 기록된 문헌만을 존중하였던 풍조를 비판하기 위해 일연은 굳이 지방의 각종 설화를 『삼국유사』에 옮겨 적은 것이라고 이해하기도 한다.

기이편의 첫머리에 단군신화를 실은 데에서도 알 수 있듯, 우리나라는 중국과 마찬가지로 오랜 역사를 가지고 있으며 불교와 깊은 인연을 맺은 나라이기 때문에 곧 몽고의 압제로부터 벗어날 수 있다는 자주의식을 뚜렷하게 표방한 점이 기이편의 두드러진 특징이다. 삼국과 관련해서는 신라 왕실에 대한 이야기가 거의 대부분을 차지한다. 백제 이야기는 『삼국사기』와 다른 내용이라곤 무왕(武王) 설화뿐이라고 말해도 좋을 정도로 빈약하다.

제3편 「흥법」은 삼국시대에 불교가 공인되기까지의 전래 과정을 다룬 이야기 편이다. 설화적인 내용이 들어있지만 대체로 문헌자료에 의거하였으며 사실적이고 역사적인 내용이 중심이다.

제4편 「탑상」은 석탑·불상·범종·사찰 등에 관한 기록을 모았다. 민간에 전하는 이야기를 소개한 대목도 있지만 그 절의 내력을 적어놓은 사지(寺誌)라든지 비석·범종 등에 새겨진 글을 옮겨 적은 부분이 많다.

제5편 「의해」는 불교 교리에 능통한 승려들 이야기이다. 그러나 단순히 교종(敎宗)의 철학에 능통한 사람만이 아니라 수행을 통해 도통한 뒤 자유롭게 행동한 고승, 어떤 물건을 만드는 기술에 신통한 승려, 기적을 일으킨 고승 등을 다루었다. 대체로 『해동고승전(海東高僧傳)』과 같은 기록을 인용하였으며 설화도 소개하였다.

제6편 「신주」는 신통한 주술(呪術)에 대한 이야기이다. 주로 기적과 신비한 일을 다루었는데, 기이편이 왕에 대한 설화 중심이라면 신주편은 고승들의 신통력에 대한 설화이다.

제7편 「감통」은 지극한 믿음으로 인간의 능력을 뛰어넘은 이야기를 담았다. 여기에서도 기적과 신비한 일이 중심이다.

제8편 「피은」은 세속적인 부귀를 탐내지 않고 초연했던 사람들에 대한 기록이다. 비단 불교 승려에만 국한하지 않고 신라 화랑이나 일반 백성까지 다루었다. 그러나 어떤 경우이든 세속적인 일은 영원하지도 절대적이지도 않다는 불교의 가르침에 입각하였다.

제9편 「효선」은 가정의 기본윤리인 효도를 불교에서도 존중한다는 점에 초점을 맞추었다. 유교에서 특히 강조하는 효(孝)가 불교적인 선(善)과 연결되었을 때 더욱 값지게 된다는 메시지를 담고 있다.

이처럼 『삼국유사』는 국가 문제로부터 시작해서 사회의 기초 단위인 가정 문제에 이르기까지 다양한 사회상을 불교를 통해 바라보고 있다. 여기에는 나라가 잘 되려면 무엇보다 가정이 건실해야 하며, 그러기 위해서는 불교의 가치를 소중히 여겨야 한다는 승려 일연의 생각이 담겨 있다. 그리고 인간적 한계는 불교 신앙을 통해 얼마든지 초월할 수 있다는 믿음이 배여 있다.

『삼국유사』의 백제 기사를 어떻게 대해야 하는가?

백제의 역사를 알기 위해 우리는 흔히 『삼국사기』· 『삼국유사』와 중국 · 일본의 역사책을 읽는다. 그 중 가장 자세한 책은 『삼국사기』이다. 아마도 가장 많은 기록을 수합했기 때문일 것이다. 그러나 『삼국사기』는 백제가 망하고 나서 500년 가까이 지난 뒤에 쓰인 책이다. 백제라는 나라가 처음 세워진 때로부터 따지면 무려 1,000년이 넘는다. 아쉽게도 『삼국사기』보다 앞선 기록은 전해지지 않는다. 백제는 오랜 전쟁 끝에 망했기 때문에 그 사이 많은 자료가 훼손됐다. 멸망한 뒤에는 지도층 대다수가 당나라로 끌려가거나 일본으로 망명하였기 때문에 자료가 제대로 남겨지지 못했다. 백제를 멸망시킨 나라가 바로 백제 왕실을 미워하고 깔보던 신라였다는 점도 무시할 수 없다. 이러한 여러 가지 사정 때문에 『삼국사기』의 내용이 정확하다고 장담할 수는 없다.

내용의 신뢰도라는 측면에서 보면 중국의 역사책들이 돋보인다. 무엇보다 백제가 건재하던 무렵에 쓰인 책이 많기 때문이다. 백제국을 포함해 마한(馬韓)의 여러 나라를 소개한 『삼국지(三國志)』는 3세기 후반에 편찬된 책이다. 「백제전(百濟傳)」이 처음 실린 『송서(宋書)』는 서기 488년에 편찬되었고, 『위서(魏書)』는 554년에 편찬되었다. 『양서(梁書)』는 630년 무렵에 편찬된 것으로 추정되며, 『주서(周書)』는 636년에 편찬된 책이다. 위의 책들은 모두 당시 중국 정부의 공식 기록을 이용한 데다 외교관·상인 등의 생생한 여행·체험담까지 곁들이기도 하여 자료로서의 가치가 매우 높다. 다만, 백제와 직접 교류한 경험에만 기초하여 작성한 기록이기 때문에 분량이 매우 적고 백제 내부의 사정에 대해서는 거의 언급하지 않았다는 단점이 있다. 또, 백제의 독특한 문화를 제대로 이해하지 못한 상태에서 중국 문화가 우월하다는 관점을 지닌 채 백제 사회를 관찰·평가·소개하였기 때문에 오해나 과장도 적지 않았을 것이다.

일본의 역사책 중에는 『일본서기(日本書紀)』에 백제와 관련한 기록이 가장 많다. 『일본서기』는 왕명으로 서기 720년에 편찬되었다. 백제가 망한 지 60년이 지난 시점에 쓰였으므로 백제의 망명객들이 가져간 자료를 많이 이용하였다. 그러나 당시 일본은 왜(倭)라는 이름 대신 일본(日本)이라 칭하고 왕을 천황(天皇)으로 부르는 등 중국 중심의 세계질서에서 탈피하여 독자 노선을 구축하며 배타적인 태도를 취하고 있었다. 이는 모두 일본의 절대적인 우방이던 백제가 갖가지 외교적 노력에도 불구하고 신라와 당나라에 의해 속절없이 무너지는 것을 보면서 큰 충격을 받았기 때문이었다. 그 결과 『일본서기』에는 백제의 자료가 일본 쪽에 유리하도록 왜곡되거나 과장된 채 실리고 말았다.

이처럼 백제에 관한 기록은 저마다 크고 작은 문제점을 안고 있다. 『삼국사기』보다 100여 년 늦게 편찬된 『삼국유사』도 예외가 아니다. 더욱이 『삼국유사』는 일연이 개인적으로 지은 책이기 때문에 『삼국사기』처럼 다양한 자료를 이용할 수도 없었다. 따라서 백제사에 관한 한 『삼국유사』는 『삼국사기』보다 자세할 수 없으며 가치가 높을 수도 없다. 다만, 『삼국사기』는 고려 정부에서 편찬한 공식 역사서인 만큼 자료를 지나치게 엄선한 반면, 『삼국유사』는 자유롭게 각종 설화를 그대로 소개하려 애썼다는 점이 돋보인다.

『삼국유사』는 고려시대에 개인이 편찬한 책이다. 그러므로 『삼국유사』에 실린 백제 설화는 어디까지나 고려시대에 일연이라는 승려가 듣거나 읽은 백제 이야기라는 점을 항상 잊지 말아야 한다. 가령 『삼국유사』의 「왕력」편과 「기이」편에는 위례성(慰禮城)·한산(漢山)·북한산(北漢山)이란 지명 밑에 각각 '지금의 직산(稷山)' '지금의 광주(廣州)' '지금의 양주(楊州)' 등의 주를 붙여 놓았다. 백제의 위례성이 고려시대의 직산이며, 백제 때의 한산이 고려시대의 광주라는 것이다. 아무런 근거를 밝히지 않았기 때문에 그것이 일연 개인의 생각인지, 아니면 당시 사관들의 공식적인 판단인지는 알 수 없다. 어쨌든 『삼국유사』의 지명 비정은 이후 『고려사』 지리지, 『세종실록』 지리지, 『동국여지승람』 등에 고스란히 전해졌으며, 지금도 그렇게 믿는 사람들이 적지 않다. 그러나 『삼국유사』보다 100여 년 먼저 편찬된 『삼국사기』에는 오히려 '위례성의 위치를 모른다'고 적혀 있다. 이 때문에 개인의 주관 내지 당시의 통념을 어느 정도 반영한 『삼국유사』보다 당시의 지명에 대해 전혀 언급하지 않은 『삼국사기』 기록이 백제 역사를 전하는 자료로서는 오히려 가치가 더 높다고 평가하기도 한다.

『삼국유사』에는 글자를 잘못 썼거나 『삼국사기』와 다르게 쓴 예가 많다. 「왕력」편에서 제7대 사반왕은 沙泮王으로 적혀 있는데, 『삼국사기』의 사반왕(沙伴王)과 한자가 조금 다르다. 또, 『삼국사기』에는 제17대 아신왕이 침류왕의 아들로 되어 있는데, 『삼국유사』에서는 아신왕이 진사왕의 아들로 나온다. 다른 기록과 맞추어보면 대체로 『삼국사기』쪽이 옳다. 국가에서 만든 공식 역사서와 개인이 만든 역사서의 차이일 것이다.

「왕력」에서 제25대 무령왕(武寧王)을 호령왕(虎寧王)이라 한 것은 고려 정종(定宗)의 이름이 무(武)였기 때문에 감히 같은 글자를 함부로 쓸수 없다 하여 무(武) 대신 뜻이 비슷한 호(虎)로 고쳐 쓴 것이다. 그리고 부여융(扶餘隆)을 '보장왕의 태자'라고 한 것도 '의자왕의 태자'를 잘못 쓴 것이다.

「기이」에서는 위만(衛滿)을 위만(魏滿)으로 적어놓았다. 그리고 백제를 전백제(前百濟)라고 쓴 대목이 많은데, 이는 견훤의 후백제(後百濟)와 구분하기 위해 붙인 이름이다. 그 이름에서도 알 수 있듯 『삼국유사』의 저자 일연이 본 백제는 어디까지나 통일신라시기를 거친 다음 고려시대 후기에 되돌아본, 적어도 600여 년 전에 멸망한 아주 먼 옛날의 백제였던 것이다.

『삼국유사』의 전체 목차

제1권

1. 「왕력(王曆)」
   - 신라(新羅)
   - 고려(高麗)
   - 백제(百濟)
   - 가락국(駕洛國)

2. 「기이(紀異)」
   - 고조선(古朝鮮) [왕검조선(王儉朝鮮)]
   - 위만조선(魏滿朝鮮)
   - 마한(馬韓)
   - 이부(二府)
   - 칠십이국(七十二國)
   - 낙랑국(樂浪國)
   - 북대방(北帶方)
   - 남대방(南帶方)
   - 말갈(靺鞨) 발해(渤海)
   - 이서국(伊西國)

- 오가야(五伽耶)
- 북부여(北扶餘)
- 동부여(東扶餘)
- 고구려(高句麗)
- 변한(卞韓) 백제(百濟)
- 진한(辰韓)
- 우사절유택(又四節遊宅)
- 신라시조(新羅始祖) 혁거세왕(赫居世王)
- 제2 남해왕(南解王)
- 제3 노례왕(弩禮王)
- 제4 탈해왕(脫解王)
- 김알지(金閼智) 탈해왕대(脫解王代)
- 연오랑(延烏郎) 세오녀(細烏女)
- 미추왕(未鄒王) 죽엽군(竹葉軍)
- 나물왕(奈勿王) 김제상(金堤上)
- 제18 실성왕(實聖王)
- 사금갑(射琴匣)
- 지철로왕(智哲老王)
- 진흥왕(眞興王)
- 도화녀(桃花女) 비형랑(鼻荊郎)
- 천사옥대(天賜玉帶)

4. 탑상(塔像)

 – 가섭불연좌석(迦葉佛宴坐石)

 – 요동성(遼東城) 육왕탑(育王塔)

 – 금관성(金官城) 파사석탑(婆娑石塔)

 – 고려(高麗) 영탑사(靈塔寺)

 – 황룡사(皇龍寺) 장육(丈六)

 – 황룡사(皇龍寺) 구층탑(九層塔)

 – 황룡사종(皇龍寺鐘) 분황사약사(芬皇寺藥師) 봉덕사종(奉德寺鐘)

 – 영묘사(靈妙寺) 장육(丈六)

 – 사불산(四佛山) 굴불산(掘佛山) 만불산(萬佛山)

 – 생의사(生義寺) 석미륵(石彌勒)

 – 흥륜사(興輪寺) 벽화(壁畵) 보현(普賢)

 – 삼소관음(三所觀音) 중생사(衆生寺)

 – 백률사(栢栗寺)

 – 민장사(敏藏寺)

 – 전후소장사리(前後所將舍利)

 – 미륵선화(彌勒仙花) 미시랑(未尸郎) 진자사(眞慈師)

 – 남백월이성(南白月二聖) 노힐부득(努肹夫得)과 달달박박(怛怛朴朴)

 – 분황사(芬皇寺) 천수대비(千手大悲) 맹아득안(盲兒得眼)

 – 낙산이대성(洛山二大聖) 관음(觀音) 정취(正趣) 조신(調信)

 – 어산불영(魚山佛影)

- 월명사(月明師) 도솔가(兜率歌)

- 선율환생(善律還生)

- 김현감호(金現感虎)

- 융천사(融天寺) 혜성가(彗星歌) 진평왕대(眞平王代)

- 정수사(正秀師) 구빙녀(救氷女)

8. 피은(避隱)

- 낭지승운(朗智乘雲) 보현수(普賢樹)

- 연회도명(緣會逃名) 문수점(文殊岾)

- 혜현구정(惠現求靜)

- 신충괘관(信忠掛冠)

- 포산이성(包山二聖)

- 영재우적(永才遇賊)

- 물계자(勿稽子)

- 영여사(迎如師)

- 포천산(布川山) 5비구(五比丘) 경덕왕대(景德王代)

- 염불사(念佛師)

9. 효선(孝善)

- 진정사(眞定師) 효선쌍미(孝善雙美)

- 대성(大城) 효이세부모(孝二世父母) 신문대(神文代)

- 향득사지(向得舍知) 할고공친(割股供親) 경덕왕대(景德王代)
- 손순매아(孫順埋兒) 흥덕왕대(興德王代)
- 빈녀양모(貧女養母)

『삼국유사』 번역

1. 왕력(王曆)

1) 제1대 온조왕(溫祚王)

동명(東明)의 셋째 아들이다. 둘째라고도 한다. 계묘년(B.C.18)에 즉위하여 45년 동안 왕위에 있었다. 위례성(慰禮城)에 도읍하였다. 위례성은 사천(蛇川)이라고도 하는데, 지금의 직산(稷山)이다.

병진년(B.C.5)에 도읍을 한산(漢山)으로 옮겼다. 지금의 광주(廣州)이다.

2) 제2대 다루왕(多婁王)

온조의 둘째 아들이다. 무자년(A.D.28)에 즉위하여 49년 동안 다스렸다.

3) 제3대 기루왕(己婁王)

다루의 아들이다. 정축년(A.D.77)에 즉위하여 55년간 나라를 다스렸다.

4) 제4대 개루왕(蓋婁王)

기루의 아들이다. 무진년(128)에 즉위하여 38년을 다스렸다.

5) 제5대 초고왕(肖古王)

소고(素古)라고도 한다. 개루의 아들이다. 병오년(166)에 즉위하여 50년 다스렸다.

6) 제6대 구수왕(仇首王)

귀수(貴須)라고도 한다. 초고의 아들이다. 갑오년(214)에 즉위하여 21년 다스렸다.

7) 제7대 사반왕(沙泮王)

사△△(沙△△)라고도 한다. 구수의 아들이다. 즉위하자마자 폐위되었다.

8) 제8대 고이왕(古爾王)

초고(肖故)의 동복아우이다. 갑인년(234)에 즉위하여 52년간 나라를 다스렸다.

9) 제9대 책계왕(責稽王)

고이의 아들이다. 청체(靑替)라고도 하지만 잘못이다. 병오년(286)에 즉위하여 12년 다스렸다.

10) 제10대 분서왕(汾西王)

책계의 아들이다. 무오년(298)에 즉위하여 6년 다스렸다.

11) 제11대 비류왕(比流王)

구수의 둘째 아들이다. 사반의 아우이다. 갑자년(304)에 즉위하여 40년 다스렸다.

12) 제12대 계왕(契王)

분서의 맏아들이다. 갑진년(344)에 즉위하여 2년 다스렸다.

13) 제13대 근초고왕(近肖古王)

비류의 둘째 아들이다. 병오년(346)에 즉위하여 29년 다스렸다. 신미년(371)에 도읍을 북한산(北漢山)으로 옮겼다.

14) 제14대 근구수왕(近仇首王)

근초고왕의 아들이다. 을해년(375)에 즉위하여 9년 다스렸다.

15) 제15대 침류왕(枕流王)

근구수의 아들이다. 갑신년(384)에 즉위하였다.

16) 제16대 진사왕(辰斯王)

침류왕의 아우이다. 을유년(385)에 즉위하여 7년 다스렸다.

17) 제17대 아신왕(阿莘王)

아방(阿芳)이라고도 한다. 진사의 아들이다. 임진년(392)에 즉위하여 13년 다스렸다.

18) 제18대 전지왕(腆支王)

진지왕(眞支王)이라고도 한다. 이름은 영(映)이며, 아신왕의 아들이다. 을사년(405)에 즉위하여 15년 다스렸다.

19) 제19대 구이신왕(久爾辛王)

전지의 아들이다. 경신년(420)에 즉위하여 7년 다스렸다.

20) 제20대 비유왕(毗有王)

구이신의 아들이다. 정묘년(427)에 즉위하여 28년 다스렸다.

21) 제21대 개로왕(盖鹵王)

근개로왕(近盖鹵王)이라고도 한다. 이름은 경사(慶司)이다. 을미년(455)에 즉위하여 20년 다스렸다.

22) 제22대 문주왕(文周王)

문주(文州)라고도 한다. 개로의 아들이다. 을묘년(475)에 즉위하였으며, 도읍을 웅천(熊川)으로 옮겼다. 2년 다스렸다.

23) 제23대 삼근왕(三斤王)

삼걸왕(三乞王)이라고도 한다. 문주의 아들이다. 정사년(477)에 즉위하여 2년 다스렸다.

24) 제24대 동성왕(東城王)

이름은 모대(牟大)이다. 마제(麻帝) 또는 여대(餘大)라고도 한다. 삼근왕의 사촌 아우이다. 기미년(479)에 즉위하여 22년 다스렸다.

25) 제25대 호령왕(虎寧王)

이름은 사마(斯摩)이다. 곧 동성왕의 둘째 아들이다. 신사년(501)에 즉위하여 22년 다스렸다. 『남사(南史)』에서는 이름이 부여륭(扶餘隆)이라 하였으나 잘못이다. 융(隆)은 곧 보장왕(寶藏王)의 태자로서, 당나라 역사책에 자세히 나온다.

26) 제26대 성왕(聖王)

이름은 명농(明穠)이며, 호령왕의 아들이다. 계묘년(523)에 즉위하여 31년 다스렸다.

무오년(538)에 도읍을 사비(泗沘)로 옮기고 남부여(南扶餘)라고 칭하였다.

27) 제27대 위덕왕(威德王)

이름은 창(昌) 또는 명(明)이라고 한다. 갑술년(554)에 즉위하여 44년 다스렸다.

28) 제28대 혜왕(惠王)

이름은 계(季)이다. 헌왕(獻王)이라고도 한다. 위덕의 아들이다. 무오년(598)에 즉위하였다.

29) 제29대 법왕(法王)

이름은 효순(孝順) 또는 선(宣)이다. 혜왕의 아들이다. 기미년(599)에 즉위하였다.

30) 제30대 무왕(武王)

무강(武康)·헌병(獻丙)이라고도 한다. 어릴 적 이름은 일기사덕(一耆篩德)이라고 한다. 경신년(600)에 즉위하여 41년 다스렸다.

31) 제31대 의자왕(義慈王)

무왕의 아들이다. 신축년(641)에 즉위하여 20년 다스렸다.

경신년(660)에 나라가 없어졌다. 온조의 계묘년으로부터 경신년에 이르기까지 678년이다.

2. 기이(紀異)

1) 마한(馬韓)

『삼국지』 위지(魏志)에 이르길 "위만(魏滿)이 조선을 치자 준왕(準王)이 궁궐에서 시중들던 사람들과 측근들을 이끌고 바다를 건너 남쪽으로 가 한(韓) 땅에 이르러 나라를 세우고 마한(馬韓)이라 했다"고 한다. 견훤이 태조에게 올린 글에는 "옛날 마한이 먼저 일어나고 박혁거세가 세력을 일으켰습니다. 이에 백제가 금마산(金馬山)에서 나라를 세웠습니다"라고 하였다. 최치원은 "마한은 고구려이고, 진한(辰韓)은 신라이다"라고 하였다.〖『삼국사기』「신라본기」에 의하면, 신라가 먼저 갑자년(B.C.57)에 일어나고 고구려는 나중에 갑신년(B.C.37)에 일어났다고 한다. 그런데 이렇게 말한 것은 준왕을 가리켜 말한 것일 뿐이다. 이로써 동명이 일어난 것은 이미 마한을 아울렀기 때문임을 알 수 있다. 그러므로 고구려가 마한이라고 한 것이다. 요새 사람들이 더러 금마산을 인정하여 마한이 백제로 되었다고 하는데, 대체로 틀린 말이다. 고구려 땅에 본래 마읍산(馬邑山)이 있으므로 이름을 마한이라 한 것이다.〗

2) 변한(卞韓) 백제(百濟)

〖또한 남부여(南扶餘)라고도 하니, 곧 사비성(泗沘城)이다〗

신라의 시조 혁거세가 즉위한 지 19년째 되던 해인 임오년(B.C.39)에 변한 사람이 나라를 바치며 항복해왔다. 『신당서(新唐書)』와 『구당서(舊唐書)』에 이르길 "변한의 후예는 낙랑 땅에 있다"고 하였다. 『후한서(後漢書)』에 이르길 "변한은 남쪽에 있고 마한은 서쪽에 있으며 진한은 동쪽에 있다"고 하였다. 최치원은 "변한이 백제다"라고 하였다. 「본기(本紀)」를 살펴보면 온조가 일어난 것은 홍가(鴻嘉) 4년 갑진년(B.C.17)이라고 하였는데, 그렇다면 혁거세와 동명의 시대보다 40여년 뒤인 셈이다. 그러나 『당서』에서 "변한의 후예는 낙랑 땅에 있다"고 한 것은 온조의 계통이 동명에게서 나왔기 때문에 그렇게 말했을 뿐이다. 혹시 어떤 사람이 낙랑 땅에서 태어나 변한에서 나라를 세우고 마한 등과 대립했다면 온조 이전에 있었을 뿐이며 도읍이 낙랑 북쪽에 있었던 것도 아니다. 어떤 사람은 구룡산(九龍山)을 또한 변나산(卞那山)이라고도 부르기 때문에 고구려가 변한이라고 함부로 말하지만, 그건 틀렸다. 마땅히 옛날 현인의 말이 옳다고 생각한다. 백제 땅에 본래 변산(卞山)이 있으므로 변한이라 한 것이다. 백제는 전성기에 15만2천3백 호(戶)였다.

3) 남부여(南扶餘) 전백제(前百濟)

〖북부여(北扶餘)는 이미 앞에서 나왔다〗

부여군(扶餘郡)은 전백제의 왕도(王都)로서, 소부리군(所夫里郡)이라고도 부른다. 『삼국사기』를 살펴보면 "백제의 성왕 26년 무오년(638) 봄에 도읍을 사비로 옮기고 나라 이름을 남부여(南扶餘)라고 하였다"고 한다. 주(注)에서는 "그 땅 이름은 소부리이다. 사비는 지금의 고성진(古省津)이다. 소부리는 부여의 별명이다"라고 하였다. 또, 『양전장적(量田帳籍)』을 살펴보면 "소부리군의 전정주첩(田丁柱貼)"이라는 대목이 있는데, 지금 부여군이라고 부르는 것은 먼 옛날의 이름을 되찾은 것이다. 백제왕의 성이 부(扶)씨이므로 그렇게 불렀다.

더러 여주(餘州)라고 부르는 것은 군의 서쪽에 있는 자복사(資福寺)의 설교단 위에 수놓은 휘장이 있는데, 그 수놓은 글에 "통화(統和) 15년 정유년(997) 5월 일 여주(餘州)공덕대사(功德大寺) 수장(繡帳)"이라 하였기 때문이다. 또 옛날 하남(河南)에 임주자사(林州刺史)를 두었는데, 그때의 지도와 호적안에 '여주(餘州)'라는 두 글자가 있었다. 임주는 지금의 가림군(佳林郡)이며, 여주는 지금의 부여군이다.

백제 「지리지」에는 다음과 같은 글이 있다. "『후한서』에서 '삼한은 모두 78국이며, 백제는

『삼국유사』 「기이(紀異)」 '남부여 전백제'의 일부분. 백제의 도읍이 사비(泗沘)가 아니라 사자(泗泚)로 적혀 있다.

그 중 한 나라이다'라고 하였다. 『북사(北史)』에서 '백제는 동쪽으로 신라에 이르고, 서쪽과 남쪽은 큰 바다에 닿으며, 북쪽은 한강(漢江)에서 끝난다. 그 군을 거발성(居拔城)이라 하고 고마성(固麻城)이라고도 한다. 그밖에 다시 5방성(方城)이 있다'고 하였다. 『통전(通典)』에서 '백제는 남쪽으로 신라와 접하고 북쪽으로 고려와 경계를 이루며 서쪽으로 큰 바다에 닿는다'고 하였다. 『구당서』에서 '백제는 부여의 별종으로서 동북쪽은 신라이고 서쪽은 바다를 건너 월주(越州)에 이르며 남쪽은 바다를 건너 왜(倭)에 이르고 북쪽은 고려이다. 그 왕이 사는 곳에는 동쪽과 서쪽에 두 성이 있다'고 하였다. 『신당서』에서는 '백제의 서쪽 경계는 월주이고 남쪽은 왜(倭)인데 모두 바다를 건넌다. 북쪽은 고려이다'라고 하였다."

국사 본기(本記)에는 다음과 같은 글이 있다. "백제의 시조는 온조이다. 그의 아버지는 추모왕(雛牟王)으로서 주몽이라고도 하는데, 북부여에서 난을 피해 졸본부여에 이르렀다. 주(州)의 왕은 아들이 없고 단지 딸 셋만 있었다. 주몽을 보고 보통 사람이 아님을 알고 둘째 딸을 아내로 삼게 하였다. 얼마 안 가 부여주(扶餘州)의 왕이 죽으니 주몽이 왕위를 이었다. 아들 둘을 낳았는데 맏이를 비류(沸流), 둘째를 온조(溫祚)라고 했다. 나중에 태자가 받아들이지 않을 것을 두려워하다가 마침내 오간(烏干)·마려(馬黎) 등 10명의 신하와 함께 남쪽으로 가니 백성들 중에서 따르는 자가 많았다. 마침내 한산(漢山)에 이르러 부아악(負兒岳)에 올라 살만한 땅을 바라보았다. 비류는 바닷가에서 살고 싶어 했다.

10명의 신하가 간하기를 '이곳 하남(河南) 땅은 북쪽으로 한수(漢水)를 끼고 동쪽으로 높은 산에 의지하며 남쪽으로 기름진 들판을 바라보고 서쪽으로 큰 바다에 막혀 있습니다. 여기 하늘이 내린 땅의 이로움은 좀처럼 얻기 어려운 형세이니 이곳에 도읍하는 것이 또한 마땅하지 않겠습니까?' 라고 하였다. 비류는 듣지 않고 그 백성을 나누어 미추홀(彌雛忽)로 가서 살았다. 온조는 하남위례성(河南慰禮城)에 도읍하고 10명의 신하를 보좌하게 하며 나라 이름을 십제(十濟)라고 하였다. 이때가 한나라 성제(成帝) 홍가(鴻佳) 3년이다. 비류는 미추홀의 땅이 습하고 물이 짜서 편안히 살 수 없었다. 위례의 도읍이 안정되고 사람들이 편안한 것을 와서 보자 마침내 부끄러워 후회하다가 죽었다. 그 신하와 백성들은 모두 위례성으로 돌아왔다. 나중에 올 때 백성들이 기뻐했다고 해서 나라 이름을 백제로 고쳤다. 그 혈통이 고구려와 마찬가지로 부여에서 나왔으므로 해(解)를 성씨로 삼았다. 나중에 성왕 때에 이르러 도읍을 사비로 옮기니 지금의 부여군이다【미추홀은 인주(仁州)이며, 위례는 지금의 직산이다】."

고전기(古典記)를 살펴보니 다음과 같은 글이 있다. "동명왕의 셋째 아들 온조가 전한(前漢) 홍가 3년 계묘년에 졸본부여로부터 위례성으로 와서 도읍을 세우고 왕이라고 칭하였다. 14년 병진년(B.C.5)에 도읍을 한산【지금의 광주】으로 옮기고 389년을 지냈다. 13대 근초고왕에 이르러 함안(咸安) 원년(371)에 고구려의 남평양(南平壤)을 뺏고 도읍을 북한성(北漢城)【지금의 양주】으로 옮겨 105년을 지냈다. 22대 문주왕이 즉위함에 이르러서는 원휘(元徽) 3년 을묘년(475)에 도읍을 웅천[지금의 공주]으로 옮기고 63년을 지냈다. 26대 성왕에 이르러 도읍을 소부리로 옮기고 나라 이름을 남부여라고 하였는데, 31대 의자왕에 이르기까지 120년을 지냈다. 당나라 현경(顯慶) 5년(660)은 의자왕이 왕위에 오른 지 20년째 되던 해인데, 신라의 김유신이 소정방과 함께 토벌해 평정하였다.

백제국은 예전에 5부(部)가 있어 37군(郡), 200여 성(城), 76만 호(戶)를 나누어 통치하였다. 당나라가 그 땅에 웅진(熊津)·마한(馬韓)·동명(東明)·금련(金漣)·덕안(德安) 등의 5도독부(都督府)를 나누어 두고 그 추장을 도독부 자사(刺史)로 삼았다. 얼마 안 가 신라가 그 땅을 모두 아우르고 웅주(熊州)·전주(全州)·무주(武州) 3주와 여러 군현(郡縣)을 두었다.

또, 호암사(虎嵒寺)에 정사암(政事嵒)이 있는데, 국가에서 장차 재상을 뽑으려 할 때면 당선될 사람 이름을 3~4개 정도 써서 함에 넣고 잠근 채 바위 위에 놓았다가 얼마 뒤에 가져와서 보고 이름 위에 도장 자국이 있는 사람을 재상으로 삼았으므로 그렇게 부른 것이다.

또, 사비하의 강변에 바위 하나가 있는데, 소정방이 일찍이 그 위에 앉아서 물고기와 용을 낚았으므로 바위에 용의 발자국이 있다. 그래서 용암(龍嵒)이라고 부른다.

또, 군(郡) 안에 3개의 산이 있어 일산(日山)·오산(吳山)·부산(浮山)이라고 한다. 국가의 전성기에는 각각 신인(神人)이 그 위에 살면서 서로 아침저녁으로 끊임없이 날아서 오고 갔다.

또, 사비의 절벽에 돌이 또 하나 있어 10여 명이 앉을 만하다. 백제왕이 왕흥사(王興寺)로 가서 예불하고 싶으면 먼저 이 돌에서 부처를 바라보며 절하였는데, 그 돌이 저절로 따뜻해졌으므로 돌석(㷠石)이라고 부른다.

또, 사비하의 양쪽 절벽은 마치 그림 병풍 같아서 백제왕이 매번 놀러와 잔치를 벌이며 노래하고 춤추었으므로 지금까지도 대왕포(大王浦)라고 부른다.

또, 시조 온조는 동명의 셋째 아들로서 몸이 매우 크고 성품이 효성스럽고 우애가 있으며 말타기와 활쏘기를 잘하였다.

또, 다루왕은 너그럽고 인정이 많았으며 위엄과 덕망이 있었다.

또, 사비왕(沙沸王)〔사이왕(沙伊王)이라고도 한다〕은 구수(仇首)가 돌아가시자 왕위를 이었으나 나이가 어려서 정치를 할 수 없었다. 곧 폐하고 고이왕을 세웠다. 혹은 낙초(樂初) 2년 기미년(己未年)에 돌아가셔서 고이가 즉위했다고도 한다.

4) 무왕(武王)

〔옛 책에는 무강(武康)이라고 적혀 있으나 잘못된 것이다. 백제에는 무강이라는 왕이 없었다〕

제30대 무왕의 이름은 장(璋)이다. 어머니가 과부로 살다가 서울 남쪽 연못[南池]가에 집을 짓고 연못의 용과 관계를 맺어 낳았다. 어릴 적 이

隋王海東... 至小 雜高六王...

乃東明第三子体恤 大性孝友善騎射 又多異 王寬

厚有惠望 又沙沸王一作沙伅王 仇首崩嗣位而幼少 不

能政即廢而立古尒 古尒王式古 至樂初二年巳亥乃崩古

爾方立

武王 古本作武康非也百濟無武康

第三十武王名璋 母寡居築室於京師南池邊 池龍交通而生 小名薯童 器量難測 常掘薯蕷賣為活業 國人

因以為名 聞新羅真平王第三公主善花(一作善化) 美艶無雙 剃髮來京師 以薯蕷餉閭里群童 群童親附之

「삼국유사」「기이」〈남부여 전백제〉의 마지막과 〈무왕〉의 첫머리.

름은 서동(薯童)이다. 재능과 도량이 커서 헤아리기 어려울 정도였다. 늘 마를 캐다 팔아서 먹고 살았으므로 나라 사람들이 그렇게 이름 불렀다.

신라 진평왕의 셋째 공주 선화(善花)[선화(善化)로도 쓴다]가 더없이 아름답다는 말을 듣고 머리를 깎고 서울로 왔다. 마을 아이들에게 마를 주어 먹이니 아이들이 그를 가까이 따랐다. 이에 노래를 짓고 아이들을 꾀어 노래 부르게 하였다. 노래는 이렇다. "선화공주님은 남 몰래 사귀어두고 서동 방을 밤에 몰래 껴안고 간다."

동요가 서울에 두루 퍼져 대궐에까지 닿으니, 모든 벼슬아치가 극렬히 간하여 공주를 먼 곳으로 귀양 보내게 되었다. 떠나려고 할 때 왕후가 순금 한 말을 주어 보냈다.

공주가 귀양 가서 살 곳에 이르려 할 때 서동이 도중에 나와 절하며 앞으로 모시고 호위하며 가고 싶다고 하였다. 공주는 비록 그가 어디에서 왔는지 알지 못했으나 우연이라 믿고 기뻐했다. 이로써 따라가다가 몰래 정을 통했다. 그런 뒤에 서동이라는 이름을 알고는 동요의 영험을 믿게 되었다.

함께 백제에 이르러 왕후가 주신 금을 꺼내며 장차 살아갈 궁리를 꾀하였더니, 서동이 크게 웃으며 "이건 무엇이요?"라고 하였다. 공주가 말하길 "이것은 황금이니 백년의 부를 이루게 할 것입니다"라고 하였다. 서동이 "내가 어려서부터 마를 캐던 곳에는 진흙처럼 쌓여있답니다"라고 말하였다. 공주가 듣고 크게 놀라며 말하길 "이것은 천하의 진귀한 보물입니다. 그대가 지금 금이 있는 곳을 안다면 이 보물을 부모님의 궁전으로 보내는 것이 어떻겠습니까?"라고 하였다. 서동이 "좋습니다"라고 말하였다. 이에 금을 모아 언덕처럼 쌓아두고 용화산(龍華山) 사자사(師子寺)의 지명(知命)법사에게 가서 금을 보낼 수 있는 방법을 물었다. 법사가 말하길 "내가 신통력으로 보낼 수 있으니 금을 가져오시오"라고 하였다. 공주는 글을 써서 금과 함께 사자사 앞에 두었다. 법사가 신통력으로 하룻밤에 신라의 궁궐 안으로 옮겨 두었다. 진평왕은 그 신비로운 변화를 이상히 여겨 매우 크게 존경하며 늘 편지를 보내 안부를 물었다. 서동은 이 일로 인심을 얻어 왕위에 올랐다.
　하루는 왕이 부인과 함께 사자사에 다녀오려고 용화산 아래 큰 연못가에 이르렀는데, 미륵 삼존이 연못 속에서 나오자 수레를 멈추고 경배하였다. 부인이 왕에게 일러 "이곳에 꼭 큰 가람(절)을 세우는 것이 간절한 소원입니다"라고 하니, 왕이 허락하였다. 지명법사에게 가서 연못 메울 일을 물었더니 신통력으로 하룻밤에 산을 헐어 연못을 메우고 평지로 만들었다. 이에 미륵이 세 번 법회를 여는 것을 본떠 전(殿)·탑(塔)·낭무(廊廡)를 각각 세 곳에 세우고 절 이름을 미륵사(彌勒寺)라고 하였다.〖국사(國史)에는 왕흥사(王興寺)라고 하였다〗 진평왕이 온갖 종류의 기술자를 보내 도왔다. 지금도 그 절이 남아있다.

3. 흥법(興法)

1) 난타벽제(難陁闢濟) - 마라난타가 백제를 열다.

백제본기(百濟本記)에 이르기를 "제15대 침류왕이 즉위한 갑신년(384)에 외국 승려 마라난타(摩羅難陁)가 진(晉)나라에서 오니 맞아서 궁궐 안으로 모시고 예우하고 공경하였다. 다음해인 을유년에는 새 도읍 한산주(漢山州)에 절을 세우고 승려 10명을 허락했다"고 하였다. 이것이 백제에서 불교의 시작이다.

또, 아신왕이 즉위한 태원(太元) 17년(392) 2월에 불교를 우러러 공경하며 믿어서 복을 구하라는 명령을 내렸다. 마라난타를 번역하면 글 배우는 아이[童學]라고 한다.

다음과 같이 노래 불러 기린다.

하늘이 만물을 여는 시절에는
대개 재주부리기 어려운 법인데
차근차근 스스로 풀어 노래와 춤을 보이니
옆 사람 데려와 눈 빌려 보네.

2) 법왕금살(法王禁殺) - 법왕이 살생을 금지시키다.

백제의 제29대 법왕의 이름은 선(宣)이며, 효순(孝順)이라고도 한다. 개황(開皇) 10년 기미년(599)에 즉위하였다. 이 해 겨울에 명령을 내려 살생을 금지시키고 민가에서 기르던 매와 새매 종류를 놓아주며 고기잡이와 사냥할 때 쓰는 도구를 불태워서 일체 하지 못하게 하였다. 이듬해 경신년(600)에는 승려 30명을 허가하고 당시의 도읍인 사비성(泗沘城)에 왕흥사를 지었는데, 처음 기초를 세우다가 세상을 떠나셨다. 무왕이 왕위를 잇고 아버지가 닦은 터에 건물을 세워 수십 년이 지나서 완성하였다. 그 절을 또한 미륵사(彌勒寺)라고도 부른다. 산을 등지고 물을 바라보며 꽃과 나무가 빼어나서 사계절의 아름다움을 갖추었다. 왕이 매번 배를 타고 강을 따라 절로 들어가서 그 경치의 빼어남을 감상하였다.

다음과 같이 노래 불러 기린다.

짐승을 보살피라 명하니 산마다 은혜롭고

혜택이 돼지와 물고기에까지 미쳐 온 세상이 어질어졌네

어진 임금이 덧없이 가셨다 말하지 말라

저 하늘 도솔천은 바로 꽃피는 봄이라네.

4. 피은(避隱)

1) 혜현구정(惠現求靜) - 혜현이 고요함을 구하다.

승려 혜현은 백제 사람이다. 어려서 출가하여 마음을 다하고 뜻을 다해 법화경(法華經) 외우는 일을 직업처럼 여겼으며, 기도하여 복을 빌면 영험한 감응이 매우 많았다. 겸하여 삼론(三論)을 전공하며 정신과 신령이 서로 통함을 맛보았다.

처음에 북부(北部)의 수덕사(修德寺)에 살면서 대중이 있으면 강론하고 없으면 경문을 외웠다. 사방 먼 곳에서 그의 기풍을 흠모하여 문밖에는 신발이 가득하였다. 점차 번잡한 것을 싫어하여 마침내 강남의 달라산(達拏山)으로 가서 살았다. 산이 매우 가파르고 험해 오고가기 어려워서 사람이 드물었다. 혜현은 고요히 앉아서 번뇌를 잊고자 하더니 산 속에서 세상을 마쳤다. 함께 공부하던 사람이 시체를 옮겨 석실(石室) 안에 두었는데, 범이 유해를 다 먹어 오직 해골과 혀만 남았다. 세 번이나 추위와 더위가 돌아왔어도 혀는 여전히 붉고 연하더니 나중에 변해서 자주색의 돌처럼 굳어졌다. 승려와 속세의 사람들이 모두 공경하여 석탑에 간직하였다. 속세의 나이 58세였으며, 곧 정관(貞觀) 연호의 초기였다. 혜현은 서방에 유학하지 않고 조용히 물러나 세상을 마쳤으나 이름이 중국에서 널리 알려져 전기가 쓰였으며 당나라에서도 명성이 자자하였다.

또, 고려 승려인 파약(波若)은 중국 천태산(天台山)에 들어가 지자(智者)대사의 교리와 수행방법을 받았으며, 신비하고 기이함이 불교계에 널리 알려졌다가 죽었다. 『당승전(唐僧傳)』에도 글이 실려 있는데, 자못 영험한 가르침이 많다.

다음과 같이 노래 불러 기린다.

잘 먹으며 설법하는 것도 한바탕 권태로워

지난해 불경 외던 소리 구름 속에 숨었네

살아서는 역사에 이름을 길이 남기고

죽어서는 붉은 연꽃처럼 혀가 향기로웠네.

『조선불교통사』의 「미륵불광사彌勒佛光寺사적事蹟」 해제

『조선불교통사(朝鮮佛敎通史)』는 일제 하의 민속학자이자 종교학자인 이능화(李能和; 1869~1943)가 1918년에 출간한 책이다. 제목처럼 한국의 불교 역사를 집대성하였는데, 내용의 대부분은 옛날 자료를 그대로 옮겨 적은 것이어서 순수 저서라기보다 자료집에 가깝다. 그래서인지 책은 순 한문으로 되어 있으며, 분량도 매우 많아서 전체 2,300쪽에 이른다. 전체를 상·중·하 3권으로 구성하였다.

상권에서는 한국의 불교 역사를 연도별로 소개하면서 중요한 기록을 인용하였고 30본산(本山)과 그 말사(末寺)에 관한 기록도 총정리하였다. 중권에서는 한국의 역대 불교를 13대 종파로 나누어 해설하였는데, 선종을 한국불교의 중심으로 다루고 임제종을 부각시켰다. 하권은 불교의 대표적 설화와 일화를 수록하고 고승들의 행적과 사상을 소개하였다. 예를 들어 원광(圓光)과 화랑, 지눌(知訥)과 조계종, 의상(義湘)의 화엄사상 등이 있다. 그리고 고대부터의 고유 신앙과 유교·그리스도교처럼 나중에 전래된 종교의 자료도 덧붙였다.

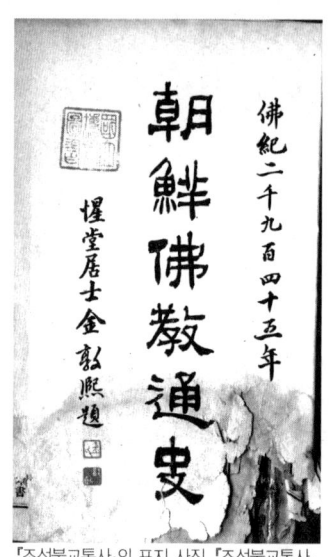

『조선불교통사』의 표지 사진. 『조선불교통사』
는 1918년에 신문관(新文館)에서 처음 출간하
였다. 신문관은 최남선이 창설한 출판사이다.
제목을 쓴 사람은 일제 때 중추원 촉탁을 지
낸 서예가 김돈희이다.

『삼국사기』·『삼국유사』와 같은 고려시대 역사서, 『고려사』를 비롯해 조선시대에 편찬된 역사서를 모두 참고하였으며, 중국 자료는 물론 일본 자료까지 두루 섭렵하였다. 게다가 각종 야담집에 실린 이야기와 금석문(金石文)까지 소개함으로써 불교종합사서라는 평가를 받았다.

「미륵불광사 사적」은 『조선불교통사』의 중권에 실린 자료인데, 백제에서 유행한 불교의 종파를 소개하기 위해 인용하였다. 미륵불광사는 절이름이며 사적(事蹟)이란 여러 사업의 자취라는 뜻이다. 따라서 「미륵불광사 사적」이란 미륵불광사와 관련해서 예전에 일어났던 여러 가지 일들을 적은 책 혹은 글의 제목이다. 그러나 미륵불광사는 다른 자료에 전혀 나오지 않아서 어디에 있던 절인지 알 수 없고, 더욱이 「미륵불광사 사적」을 어디에서 어떻게 구했는지, 혹은 어떤 책에 실려 있던 자료인지 전혀 밝히지 않았다. 그러므로 그 내용이 과연 정확한 역사적 사실인지도 아직 확인할 수 없다. 사찰의 사적기 중에는 자기 사찰의 역사와 전통, 효험 등을 과장하는 경우가 많기 때문이다.

「미륵불광사 사적」의 내용이 비단 백제의 불교와 관련된 것만은 아니다. 백제의 왕이 계율 해설서를 '나무판에 새겨서 널리 배포하려 했다'는 대목에 주목하여 6세기 전반 무렵에 이미 백제에서 목판인쇄술이 유행하였다고 보기도 한다. 그러나 6세기 초에 백제와 긴밀히 교류하며 불교의 새로운 이론을 비롯한 각종 지식과 기술을 백제에 전해준 중국의 양(梁)나라에서도 아직 목판인쇄술이 사용되지 않았다는 점을 무시할 수 없다. 그렇기에 이 대목이야말로 오히려 「미륵불광사 사적」이 믿기 어려운 기록임을 증명하는 사례라고 주장하기도 한다.

「미륵불광사 사적」 번역

「미륵불광사 사적」에 다음과 같은 기록이 있다.

백제 성왕 4년 병오년(526)에 불교 승려 겸익(謙益)이 계율을 알아오기로 마음먹었다. 배를 타고 바다를 건너가서 중인도(中印度)의 상가나대율사(常伽那大律寺)에 이르러 5년 동안 불경을 공부하였다. 산스크리트어를 깨우치고 율부(律部)를 깊이 연구하며 공덕을 쌓고 계율의 핵심을 알게 되었다. 인도 승려 배달다삼장(倍達多三藏)과 함께 산스크리트어로 된 아담장(阿曇藏) 5부 율문을 가지고 귀국하였다. 백제왕이 큰 깃발을 날리며 북을 치고 피리를 불면서 교외에서 맞이하였다. 흥륜사(興輪寺)에 머물게 하며 국내의 이름난 승려 28명을 불러 겸익법사와 함께 율부 72권을 번역하게 하였다. 이리하여 백제 율종(律宗)의 시조가 된 것이다. 이에 담욱(曇旭)과 혜인(惠仁) 두 법사가 계율 해설서[律疏] 36권을 지어 왕에게 바치니 왕이 '비담신율(毘曇新律)의 서문'을 써서 태요전(台耀殿)에 간직하였다. 장차 나무판에 새겨서 인쇄하여 널리 배포하려 했으나 미처 겨를을 내지 못하고 죽었다.

참고문헌

정구복 외, 『역주 삼국사기』, 한국정신문화연구원, 1997.

이병도, 『교역 삼국사기』, 을유문화사, 1977.

박성수, 『역사학개론』, 삼영사, 1977.

신형식, 『삼국사기 연구』, 일조각, 1981.

노중국, 『백제정치사연구』, 일조각, 1988.

정구복, 『한국인의 역사의식』, 한국정신문화연구원, 1989.

신형식, 『백제사』, 이화여대출판부, 1992.

김기섭, 『주제별로 풀어쓴 한국사강의록』, 가람기획, 1998.

김기섭, 『백제와 근초고왕』, 학연문화사, 2000.

박순발, 『한성백제의 탄생』, 서경문화사, 2001.

강종원, 『4세기 백제사 연구』, 서경문화사, 2002.

국립부여문화재연구소, 『백제도성의 변천과 연구상의 문제점』, 서경
　　문화사, 2003.

강인구 외, 『역주 삼국유사』, 이회문화사, 2002.

최남선 편, 『삼국유사』, 서문문화사, 1983.

이병도, 『한국고대사연구』, 박영사, 1976.

동북아세아연구회 편, 『삼국유사의 연구』, 중앙출판사, 1982.

한국정신문화연구원 편, 『삼국유사의 종합적 검토』, 1987.

천관우, 『고조선사 · 삼한사 연구』, 일조각, 1989.

불교사학연구소, 『삼국유사연구 논저목록』, 중앙승가대학, 1992.

하정룡 · 이근직, 『삼국유사 교감 연구』, 신서원, 1997.

정구복 외, 『삼국유사 기이편의 연구』, 한국학중앙연구원, 2005.

이능화, 『조선불교통사』, 보련각, 1979.

윤재영 역, 『조선불교통사』, 박영사, 1980.